Apprendre à « bien » monter

Par

Michael D. Cintas

Dédié à :

George Morris : Cavalier olympique, entraîneur, a entraîné
Michael 1964-1966

Alan Balch : Le premier entraîneur d'équitation de Michael
1960-1962

Parents de l'entraîneur Michael

Remerciements

Equitation, chasse, saut d'obstacles et dressage.

Spécifiquement écrit pour les parents, les grands-parents, les enfants et les instructeurs qui veulent comprendre la manière correcte dont un jeune cavalier ou un cavalier adulte débutant s'attend à apprendre à monter correctement.

Susie Hutchison, cavalière professionnelle depuis l'âge de 18 ans, a remporté plus de 80 victoires en Grand Prix et a représenté les États-Unis dans de grandes compétitions internationales. Aujourd'hui intronisée au National Show Hunter et au Show Jumping Halls of Fame, elle se consacre aux stages, à l'entraînement et à la vente de chevaux.

Avant-propos

De Susie Hutchison

Après avoir quitté le Gladstone Horse Masters (GHM), la carrière de Michael s'est étendue à tous les domaines de l'entraînement. Plus tard, Michael est revenu à Gladstone pour les essais, en montant un cheval célèbre nommé "RED-SHOES". Pendant son séjour au GHM, alors qu'il faisait partie de l'équipe équestre des États-Unis, il a concouru avec succès sur différents chevaux, dont "RED-SHOES". George, son entraîneur, a travaillé en étroite collaboration avec Michael six jours par semaine pendant son adolescence, lui faisant monter toute une gamme de chevaux aux tempéraments différents.

Après avoir quitté GHM, Michael est retourné à Rancho Santa Fe, en Californie, où il a créé sa propre ferme, favorisant la croissance de jeunes cavaliers qui ont participé à des concours hippiques dans le sud de la Californie, en Arizona et, occasionnellement, dans l'Oregon, l'État de Washington et à Spruce Meadows, à Calgary.

Avec ses collègues cavaliers Hap Hansen, Jimmy Williams et quelques autres, Michael a formé des cavaliers d'équitation de haut niveau, compétents dans le travail sur le plat, sur les obstacles, dans les médailles et dans le grand ring de saut d'obstacles. Depuis 2003, Michael est entraîneur équestre olympique pour le pentathlon moderne, depuis les Jeux olympiques de Pékin. Il s'apprête à terminer sa carrière d'entraîneur olympique en tant qu'entraîneur principal à Paris, en France, en juillet/août 2024.

Michael se consacre également au partage de ses connaissances par le biais de l'écriture, créant une bibliothèque entière destinée à guider ceux qui aspirent à entrer dans le monde élitiste du saut d'obstacles. Il continue à proposer ses stages d'équitation de 3, 5 et 7 jours dans le monde entier et aux États-Unis, souvent dans les magnifiques centres équestres d'autres propriétaires et entraîneurs.

Avec sa femme Kathy, Coach Michael a construit le premier centre équestre couvert de 38 000 pieds carrés dans la vallée de Coachella (comté de Riverside) dans les années 1980, qu'ils ont vendu en décembre 2022. Ce centre a représenté 40 ans de beaux souvenirs et plus de 5 000 élèves qui sont passés de l'équitation pour le plaisir à la compétition sur des sites nationaux et internationaux. Equestrian Centers International a été la dernière de leurs cinq fermes, marquant l'aboutissement d'une carrière distinguée dans le domaine de l'entraînement équestre.

Note de l'auteur

Chers lecteurs : Les entraîneurs, les instructeurs des écoles d'équitation, les académies d'équitation, les écoles d'équitation et les étudiants à partir de six ans jusqu'aux adultes de tous âges qui veulent apprendre à monter "correctement".

J'ai eu une carrière exceptionnelle dans l'équitation et l'enseignement, et j'ai eu la chance de la poursuivre à travers les Etats-Unis et le monde entier. Ce livre vous enseignera dès le début ce que signifie "apprendre à monter à cheval correctement". Que vous montiez en selle pour la première fois ou que vous perfectionniez votre technique, ce livre vous offrira une base claire pour devenir un cavalier accompli. Que vous ayez 6 ou 75 ans, ce livre vous permettra de prendre un excellent départ, en apprenant dès le début. Vous ferez partie du monde merveilleux des chevaux. Beaucoup d'entre nous rêvent de posséder un cheval, et ce livre vous permettra d'en apprendre davantage sur ces magnifiques créatures. Vous aurez l'occasion de commencer par les bases et de développer vos compétences équestres jusqu'à la perfection.

Ce livre sera le premier d'une longue série et, si vous le souhaitez, vous pourrez même aspirer à représenter votre pays aux Jeux olympiques. En vous plongeant dans ces pages, vous vous préparerez à mon prochain livre, "Riding into the SHOW RING", qui vous permettra d'approfondir les compétences et les techniques de l'équitation de compétition.

Nous lirons, comprendrons et nous appliquerons à chaque page afin que vous deveniez un très bon cavalier et le meilleur que vous puissiez être. Apprendre à monter "correctement" vous donnera l'impression que vous, votre poney/cheval et votre instructeur ne font qu'un ! Cette connexion, développée au fil du temps, est essentielle pour maîtriser l'art de l'équitation.

L'instructeur rassurera les nouveaux élèves et les mettra à l'aise. Bien que les élèves puissent être un peu excités et nerveux, ils seront également très heureux de ce qu'ils sont sur le point de vivre. L'instructeur rassurera verbalement le nouveau cavalier en lui disant que sa première leçon est l'occasion d'une amitié naissante avec son cheval. Il s'agit d'un moment de confiance, et la mise en place de cette base est essentielle à la réussite de l'expérience.

Dans mon premier livre, "LEARNING TO RIDE 'RIGHT'", nous insistons sur le fait que les parents, les grands-parents et les élèves doivent se sentir à l'aise avec le centre équestre, le propriétaire, le moniteur et les autres élèves et parents. Je recommande au nouveau cavalier de visiter plusieurs fermes dans un rayon de 30 minutes, d'observer les leçons en cours et d'évaluer la façon dont l'instructeur enseigne et dont les élèves réagissent. Dès le départ, il est important d'observer la camaraderie et le comportement de la ferme et de son personnel. Trouver le bon environnement garantit une atmosphère de soutien où le cheval et le cavalier s'épanouissent.

L'instructeur doit permettre au nouvel élève de poser des questions et de comprendre les principes de base. Le premier jour est très important. Le nouvel élève, le cheval, le moniteur et la ferme doivent créer une zone de confort où l'élève se sent en sécurité et bienvenu. Cet espace encourage la curiosité et l'apprentissage, jetant les bases d'une relation de confiance entre le cavalier et le cheval.

Nous encourageons les familles et les cavaliers débutants, qu'ils soient adultes ou enfants, à commencer par une leçon par semaine. Après les quatre à huit premières leçons, le cavalier devrait passer à deux leçons par semaine. Contrairement à d'autres sports qui peuvent être pratiqués à l'école ou après le travail, les cavaliers consacrent leur activité sportive extérieure à leurs leçons d'équitation. L'élève pratique désormais son sport équestre avec son partenaire, son cheval. Cette progression permet aux cavaliers d'acquérir progressivement des compétences, ce qui leur permet d'être à l'aise et de prendre confiance en eux.

Ce qui est unique et spécial dans Apprendre à rouler "DROIT", c'est que vous vous développerez mentalement et physiquement à chaque leçon. Je vous encourage à tenir un journal dans lequel vous noterez vos progrès et toutes les questions que vous vous posez afin que vous vous sentiez positif et enthousiaste à l'idée de commencer votre prochaine leçon.

Après les quatre premières leçons, votre moniteur devrait vous placer dans un groupe de deux ou quatre cavaliers. C'est ce que nous appelons la "conduite comparable", qui permet à des cavaliers de niveau similaire de s'observer et d'apprendre. Le moniteur discutera des leçons des 2 ou 3 autres cavaliers du petit groupe, ce qui favorisera un sentiment de communauté et d'apprentissage partagé entre les cavaliers.

Une fois terminé, ce livre d'initiation à l'équitation vous servira de référence précieuse au fur et à mesure que vous progresserez et deviendrez un cavalier expérimenté. Il est conçu pour être un guide auquel vous pourrez revenir et qui vous aidera à devenir le meilleur cavalier possible.

Nous vous remercions,

L'entraîneur Michael.

SOMMAIRE

INTRODUCTION

Entraîneur Michael 1980-2022

Centres équestres internationaux

Scénario : Michael D. Cintas

Apprendre à monter à cheval est une expérience transformatrice qui va bien au-delà des mécanismes de contrôle d'un animal. Il s'agit de cultiver un lien profond avec votre cheval, de développer votre équilibre physique et mental et de comprendre les principes fondamentaux de l'équitation. Que vous soyez un jeune cavalier débutant à l'âge de 6 ans ou un adulte découvrant les joies de l'équitation plus tard dans la vie, le voyage est celui de la discipline, de la création de liens et de l'apprentissage tout au long de la vie. Ce voyage, rempli de défis et de triomphes, façonne non seulement les compétences, mais aussi le caractère.

Ce livre est conçu pour guider les parents et les cavaliers à travers les étapes essentielles de l'apprentissage de l'équitation, en commençant par les bases du choix du bon poney, de la compréhension du comportement équin et de la construction d'une relation avec votre monture. Chaque étape est conçue pour s'appuyer sur la précédente, posant ainsi des bases solides pour tous les cavaliers. Il introduit progressivement des techniques d'équitation plus avancées qui favorisent l'habileté, la confiance et un véritable partenariat entre le cavalier et le cheval.

Vous y trouverez des conseils pratiques sur l'importance d'une exposition précoce aux animaux de la ferme, sur la manière de choisir un poney qui corresponde aux besoins du jeune cavalier, et sur les premières leçons cruciales de pansage, de sellerie et de monte. Il met l'accent sur l'importance de faire démarrer les jeunes cavaliers sur des bases solides et sûres, en prêtant attention à la concentration mentale, à l'équilibre physique et, surtout, au plaisir. Grâce à des leçons bien structurées, les jeunes cavaliers développeront le respect, la confiance et un amour durable pour l'équitation.

Les parents trouveront des conseils pour choisir le bon centre équestre, comprendre l'équipement nécessaire à la pratique de ce sport et soutenir leur enfant tout au long de son parcours équestre. Au fur et à mesure que les jeunes cavaliers progressent, ils apprennent non seulement à monter mais aussi à s'occuper de leur cheval, acquérant ainsi de précieuses compétences en matière de responsabilité, de patience et de persévérance. Ces leçons s'étendent au-delà de l'équitation, en développant le caractère et les compétences de vie que les cavaliers portent dans tous les domaines de leur vie.

Pour devenir un cavalier compétent, il ne suffit pas de s'asseoir en selle. Il s'agit d'apprendre les nuances des soins équins, d'instaurer la confiance et de développer un profond respect pour ces magnifiques animaux. Les cavaliers ne se contentent pas d'apprendre une technique ; ils s'engagent dans une relation avec leur cheval fondée sur le respect et la compréhension mutuels. Ce livre vous apportera les connaissances nécessaires pour que ce voyage soit sûr, agréable et satisfaisant pour chaque cavalier, quel que soit son âge ou son niveau d'expérience.

.

CHAPITRE 1
ÉQUITATION DE DÉPART :
LE VOYAGE D'UN JEUNE
CAVALIER

Les jeunes cavaliers d'aujourd'hui devraient sérieusement commencer à apprendre l'équitation à l'âge de 6 ans. À cet âge, les enfants peuvent commencer à développer des compétences et une discipline essentielles, tout en construisant une base solide en matière d'équitation. Avant cela, il ne devrait y avoir qu'une introduction à tous les animaux de la ferme disponibles pour le jeune enfant. J'ai monté mon premier poney à l'âge de 2 ou 4 ans et je suis immédiatement tombée amoureuse de tous les poneys. Ce contact précoce a été inestimable, car il a déclenché une passion à vie pour l'équitation et les animaux.

J'ai eu la chance d'être dans une ferme, "Kenmore Stables", à San Diego (Mission Valley River Bottom), où j'avais des chèvres, des moutons, des cochons et des poulets. En grandissant auprès de ces animaux, j'ai appris non seulement à m'en occuper, mais aussi à communiquer avec eux d'une manière qui transcende les mots. J'ai appris très tôt à communiquer avec tous les animaux qui m'entouraient, ce qui m'a aidé à communiquer avec les poneys et les chevaux. Cette expérience m'a permis de développer un sentiment de respect et d'empathie à l'égard de chaque créature, ce que j'ai conservé dans ma relation avec les poneys et les chevaux.

Un jeune cavalier ou un adulte doit avoir un équilibre physique et mental et rester concentré. L'équitation n'est pas seulement une question de technique ; c'est aussi une question d'attention, d'équilibre et de compréhension. Il est recommandé de commencer par beaucoup de plaisir et une discipline modérée. L'amusement maintient l'intérêt des jeunes cavaliers, tandis que la discipline introduit une structure qui leur permet d'apprécier le dévouement qu'exige l'équitation. Nous ne jouons plus avec des animaux en peluche ; il s'agit d'un véritable engagement, qui enseigne la responsabilité et offre de la joie en retour.

Les leçons pour les jeunes cavaliers devraient commencer à l'âge de 6 ans, tandis que les adultes peuvent commencer à n'importe quel âge. Pour les nouveaux cavaliers, les leçons doivent être privées, d'une durée de 30 minutes ou plus, et se dérouler au moins deux fois par semaine pendant les six premiers mois. Après cette période d'initiation, le jeune cavalier peut progresser lorsqu'il est à l'écoute de son poney ou de son cheval et qu'il fait preuve de vigilance et d'assurance. Vers l'âge de 7 ans, ou après un an de cours, les jeunes cavaliers devraient passer à trois jours par semaine. Cette fréquence accrue permet de renforcer les compétences, d'apporter de la régularité et de créer un lien plus fort avec leur monture. C'est également le moment idéal pour les parents d'envisager la location ou l'achat d'un poney pour leur enfant, car il peut devenir leur meilleur ami.

L'instructeur doit connaître parfaitement la monture qui convient à chaque cavalier. Le choix du bon poney ou cheval est crucial, car il permet au cavalier de se sentir en sécurité et soutenu. Il n'est jamais nécessaire d'acheter un poney coûteux. Ce que les parents veulent, c'est un poney qui soit comme une police d'assurance - très sûr, très calme et très gentil. Les bons poneys sont en effet des polices d'assurance. Ils offrent une introduction fiable et douce à l'équitation, en inspirant confiance et confort aux jeunes cavaliers. Il est essentiel d'acheter un poney sûr, calme, aux allures très douces et aux manières impeccables au sol. Le premier achat doit porter sur un poney dont la taille correspond à celle du jeune cavalier, afin que l'expérience soit gérable et agréable.

La taille des poneys varie et doit être choisie en fonction de la taille du cavalier : les petits poneys (pas les miniatures) vont de 10 à 12,2 mains ; un poney moyen va de 12,2 à 13,2 mains ; et un grand poney va de 13,2 à 14,2 mains. Après cette fourchette de taille, les cavaliers passent aux chevaux.

La taille moyenne des chevaux commence à 14,2 mains et peut être assez grande. Pour les cavaliers juniors plus âgés, la moyenne se situe entre 16 et 16,3 mains, et dans le monde de l'équitation, la moyenne des chevaux se situe souvent autour de 16,3 mains. Les chevaux peuvent être encore plus grands, d'autant plus que de nombreux enfants atteignent aujourd'hui une taille supérieure, ce qui rend les montures plus grandes plus adaptées.

Pour mesurer un cheval, la mesure dans la main d'une personne adulte (de côté) est de 4 pouces. Chaque "main" est une unité égale à quatre pouces. Mesurez le poney ou le cheval à partir du côté avant gauche du sabot sur le sol, en ligne parfaitement droite, jusqu'au garrot (l'os de l'encolure, pour ainsi dire). La compréhension de cette mesure est un élément essentiel de l'équitation de base. Vous pouvez vérifier votre mesure à l'aide d'un bâton de mesure pour chevaux ou d'un ruban à mesurer en aluminium. Plus les cavaliers apprennent les bases de l'équitation, plus ils ne feront qu'un avec leur poney ou leur cheval.

Pour les parents qui initient leurs enfants à l'équitation de base et aux leçons, l'enfant doit passer le plus de temps possible avec son poney. Les jeunes cavaliers commencent leur parcours par la base, en apprenant tout, de la manipulation à la monte. Il est utile que les parents amènent leurs enfants au centre équestre 15 à 20 minutes avant le début des cours. Apportez toujours des carottes, et non des friandises pour chevaux, qui peuvent être plus difficiles à nourrir et risquent d'irriter le poney. Le jeune cavalier doit se rapprocher de son poney. En offrant une carotte et en tapotant doucement son poney sur l'encolure, l'épaule, et éventuellement sur le front et la pommette, le jeune cavalier ou l'amateur établit un lien physique avec son poney. Cette interaction renforce le lien, créant ce que beaucoup décrivent comme une "histoire d'amour à 100 %" entre le cavalier et le poney.

Lorsque les parents décident d'inscrire leur enfant à des cours d'équitation, il convient de respecter les lignes directrices suivantes :

- Contactez plusieurs centres équestres dans un rayon de 30 minutes autour de votre domicile ou de l'école de votre enfant et posez ces questions essentielles :
  - À quel âge commencez-vous à enseigner aux jeunes cavaliers ?
  - Qui sont les instructeurs ? Renseignez-vous sur leurs qualifications et leur expérience.
  - Visitez leur site web.
  - Depuis combien de temps l'académie existe-t-elle ?
  - Vérifiez leurs références.
  - Renseignez-vous sur les antécédents des chevaux de l'école (nous les appelons "diplômés de l'université").
  - Quels sont les jours disponibles ?
  - Quel est le coût des leçons et proposent-ils des forfaits d'équitation ?
  - (Plus important) Comme tous les cavaliers apprennent à partir de la base, apprennent-ils leur ABC avant de monter en selle ?
  - Les jeunes cavaliers commencent-ils tous sur une ligne de longe ? Renseignez-vous également sur la tenue vestimentaire requise pour votre enfant.

En règle générale, pour les trois ou quatre premières leçons, les jeunes cavaliers peuvent porter un jean et une chemise à manches courtes ou longues rentrée dans le pantalon, avec une ceinture, ainsi qu'une chaussure à semelle dure ou une botte, ou encore une chaussure robuste à tige haute. L'académie fournit généralement le casque, appelé casquette de chasse. Après ces premières leçons, l'instructeur qualifié fournira à votre enfant une liste de codes vestimentaires. Il existe de nombreux points de vente abordables où vous pouvez trouver l'équipement approprié, notamment : une casquette de chasse, un polo, une culotte ou un jodhpurs, des bottes de paddock ou des bottes hautes, et d'autres articles selon les besoins.

Les parents et les grands-parents doivent rester très impliqués auprès de leurs enfants. Immortalisez des moments en vidéo et en photo, parlez de leurs progrès et encouragez-les à partager ces moments avec leurs amis et leur famille. Plus les jeunes cavaliers verront que vous êtes aussi enthousiastes qu'eux pour ce nouveau et merveilleux sport, plus ils s'épanouiront.

Ce graphique illustre la progression des leçons d'équitation et la taille correspondante des poneys ou des chevaux au fur et à mesure que le jeune cavalier prend de l'âge.

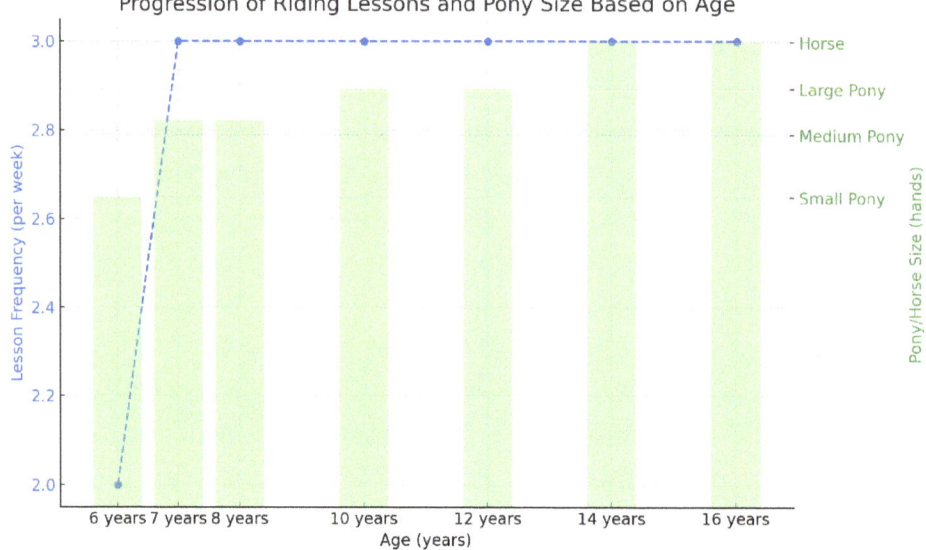

- Axe X (âge en années) : Le graphique suit l'âge du cavalier à partir de 6 ans, qui est l'âge recommandé pour commencer les leçons d'équitation formelles.
- Axe Y gauche (fréquence des cours) : La ligne bleue en pointillés indique la fréquence des leçons par semaine. À l'âge de 6 ans, il est recommandé aux cavaliers de prendre des leçons deux fois par semaine. À l'âge de 7 ans, la fréquence des leçons passe à trois fois par semaine et reste constante au cours des années suivantes.
- Axe des ordonnées de droite (taille du poney ou du cheval en mains) : Les barres vertes représentent la taille du poney ou du cheval en mains (une unité de mesure où 1 main équivaut à 4 pouces). La taille de la monture augmente avec l'âge :
- Entre 6 et 7 ans, le cavalier commence généralement avec un poney de petite ou moyenne taille (10-12,5 mains).

- o À l'âge de 10 ans, le cavalier passe à un grand poney (13,5 mains).
- o À partir de 14 ans, le cavalier passe à un cheval de taille normale, d'environ 15 mains.

Ce graphique met en évidence l'augmentation progressive de la fréquence des leçons et de la taille des poneys au fur et à mesure que le cavalier développe ses compétences équestres, ce qui garantit une progression sûre et équilibrée.

CHAPITRE 2
LE NOUVEAU DÉPART DE NOS JEUNES CAVALIERS

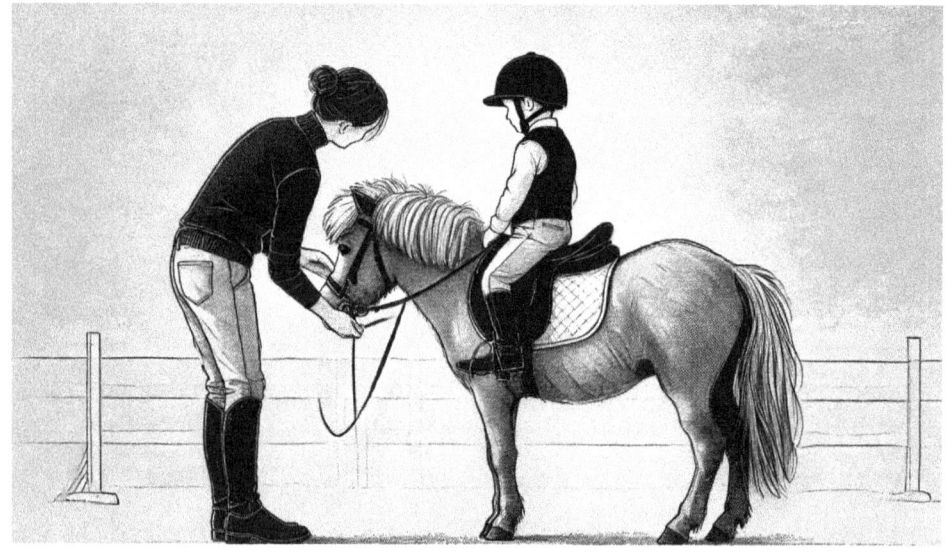

    Maintenant que nos adultes ont pris une décision définitive quant au choix de l'académie d'équitation que fréquentera leur enfant, c'est le moment idéal pour passer une semaine à observer d'autres leçons de jeunes cavaliers en cours. Cette période d'observation permet aux parents de se faire une idée du style d'enseignement, de l'environnement et de la dynamique de l'académie. Prenez des notes, que vous ayez ou non une expérience de l'équitation. Discutez avec d'autres parents pour recueillir leurs points de vue, poser des questions pertinentes et favoriser un sentiment de communauté - que le jeune cavalier associera à ses nouveaux amis de l'académie. Soyez toujours là pour encourager et guider votre jeune cavalier, afin qu'il se sente soutenu à chaque étape de son parcours.

Envisagez de fêter le prochain anniversaire de votre jeune cavalier à l'académie. Portez-vous volontaire pour organiser l'événement, en invitant les autres jeunes cavaliers et leurs familles. Cette célébration renforcera l'importance des liens, en apprenant à nos jeunes à nouer des amitiés et à se soutenir mutuellement dès leur plus jeune âge. Ces expériences partagées renforcent la camaraderie et les liens, à la fois avec leurs pairs et au sein de la communauté équestre.

Le parent ou le grand-parent doit tenir un journal quotidien lorsque son enfant est au centre équestre - monter, observer, socialiser et toujours être près des animaux. Les vidéos sont très importantes pour que toute la famille les regarde et y participe.

Veillez à ce que vous, les parents, ne soyez jamais pressés lorsque votre enfant apprend à monter à cheval. Dans le cadre de ce sport, l'enfant ou l'adulte doit être motivé mentalement et physiquement et disposer d'autant de temps que possible pour se concentrer et s'imprégner de sa relation avec son poney/cheval.

CHAPITRE 3
DROIT DE L'ÉQUITATION
PREMIÈRE LEÇON

Parents et grands-parents, restez impliqués à 100 % dans ce nouveau chapitre merveilleux du parcours de votre jeune cavalier. Votre soutien est essentiel pour eux. Proposez de vous porter volontaire pour tout ce dont l'académie ou votre instructeur pourraient avoir besoin ou souhaiter. Assistez aux événements spéciaux comme les fêtes d'anniversaire, et si l'anniversaire de votre enfant approche, pensez à organiser une fête mémorable sur le thème du poney. Invitez d'autres enfants de la même tranche d'âge pour favoriser les amitiés qui se développent grâce aux expériences partagées.

La fête d'anniversaire doit être consacrée aux jeunes cavaliers et, bien sûr, à l'enfant qui fête son anniversaire. Rendez-la encore plus spéciale avec des jeux de chevaux et de poneys qui permettent aux enfants de s'amuser avec leurs poneys. Le gâteau peut être orné d'un poney coloré, et chaque enfant peut colorier et nommer un poney sur du papier d'art qu'il emportera chez lui comme souvenir. Des touches aussi simples que celles-ci rendent la journée mémorable pour tous les participants.

Lors de la première leçon, le jeune cavalier est habillé et porte toujours une casquette de chasse. Il apprend à toiletter son poney ou son cheval, y compris des techniques comme l'étrillage et le brossage. L'instructeur montrera à l'élève comment ramasser les pieds du cheval (sabots) sur la face inférieure et les nettoyer de manière à ce que la plante des pieds du cheval soit complètement propre. Cette routine de soins de base est essentielle à l'apprentissage du jeune cavalier. L'instructeur montrera ensuite comment seller le poney et les élèves regarderont l'instructeur placer le harnachement (l'équipement) sur le poney.

Voici une liste des articles utilisés pour le pansage du cheval, ainsi que des articles nécessaires pour le seller correctement :

Dans la boîte de toilettage, vous trouverez les éléments suivants :

1. Un coffret de toilettage (pour les tailles enfant et adulte).

2. Une brosse dure et une brosse douce.

3. Un essuie-mains.

4. Un cure-pied avec une brosse.

5. Une étrille en caoutchouc (jamais en acier).

6. Une brosse à crinière et à queue à poils moyens.

7. Une éponge douce de taille moyenne.

8. Pansement liquide pour sabots à l'aide d'un pinceau.

9. Spray anti-mouches dans un flacon pulvérisateur et crème anti-mouches.

10. Un flacon pulvérisateur contenant de l'eau et de l'huile pour bébé.

11. Une paire de gants en caoutchouc ou en plastique.

12. Tendon avant et arrière et bottes de cheville.

Cette liste est votre kit de base pour vous et votre cheval ou poney. Étiquetez toujours tout votre équipement avec le nom de votre cheval pour faciliter son identification.

Maintenant, allons de l'avant avec notre enseignant.

L'instructeur permettra au jeune cavalier de marcher avec le poney ou le cheval, en tenant les rênes par-dessus le cou du poney tout en marchant sur son côté gauche, près de l'épaule gauche, et en se dirigeant vers le centre du ring, où un bloc de montage sera installé.

L'instructeur demandera à l'enfant de se tenir sur la première marche et le jeune cavalier apprendra à monter son poney correctement. Le jeune cavalier tient les rênes dans sa main gauche, le dos tourné vers l'avant du poney. Avec sa main droite, il attrapera l'étrier et y placera son pied gauche. Le cavalier doit se tenir droit et passer sa jambe droite par-dessus la selle, en imaginant que c'est comme s'il était assis sur une chaise à dossier droit.

Une fois le cavalier en selle, l'instructeur lui montrera comment glisser son pied dans l'étrier droit de manière à ce que les deux jambes et les deux pieds soient également équilibrés pendant qu'il est assis. À ce stade, ils apprendront à tenir chaque rêne dans chaque main, en gardant les mains à un angle de 45 degrés, les pouces sur le dessus et les mains fermées.

Nos jeunes cavaliers apprendront les trois positions de base de l'équitation lors de leur première leçon, qui seront communiquées pendant que le cheval et le cavalier sont à l'arrêt afin qu'ils se sentent détendus et en sécurité.

La première position, appelée position en trois points, implique trois parties du corps du cavalier en contact avec le cheval : les mains, le siège et les jambes. Le cavalier est assis dans un alignement vertical (imaginez une ligne droite entre l'épaule, la hanche et le talon). Il s'agit de notre position d'équitation de chasse et de siège, qui permet au jeune cavalier d'apprendre son centre d'équilibre. L'instructeur encouragera le cavalier à soulever sa cage thoracique (plutôt que de lui dire "mettez vos épaules en arrière", ce qui peut raidir les épaules). Ils apprendront à fermer l'angle de leurs hanches et à ouvrir légèrement leurs genoux afin de ne pas les pincer ou les serrer pour assurer leur équilibre. Une fois qu'ils sont correctement assis dans la position à trois points, ils s'entraînent à soulever les os du siège hors de la selle et à s'y enfoncer pour développer leur souplesse et leur agilité.

La position suivante, précédemment appelée position en deux points, est désormais appelée position demi-assise. Cette position implique un léger angle vers l'avant au niveau des hanches, le cavalier glissant doucement ses os du siège vers l'arrière de la selle (le milieu de la selle, également appelé base). Il lui sera demandé d'appuyer sur ses talons à partir du mollet, en sentant le poids se transférer sur ses talons. Les mains sont tendues vers l'avant avec un angle de 45 degrés, les jointures étant légèrement enfoncées dans la crinière du cheval devant le garrot. En demi-assise, deux parties du corps du cavalier sont en contact avec le cheval : le siège et les jambes. Le haut du corps se déplace légèrement vers l'avant, avec une boucle souple dans les rênes. Les cavaliers s'entraîneront à passer de la position 3 points à la position demi-assise par courts intervalles jusqu'à ce qu'ils se sentent à l'aise et équilibrés.

La dernière position qu'ils apprendront lors de leur première leçon est la position en 1 point. Dans cette position, le cavalier se tient droit, comme s'il était au sol, avec les pieds espacés d'environ 1,5 m. Cette position étire le bas du dos, les mollets et les talons. Cette position permet d'étirer le bas du dos, les mollets et les talons, tout en soulevant la cage thoracique. Dans la position en 1 point, la seule partie du corps du cavalier en contact avec le cheval est ses jambes. Pour faciliter l'équilibre, le jeune cavalier peut tenir la crinière du cheval lorsqu'il est debout, ce qui lui permet de se centrer plus facilement sans s'effondrer.

Cette première leçon sert d'introduction à notre jeune cavalier. Les parents doivent enregistrer la séance afin que l'enfant puisse la revoir plus tard et constater ses progrès. Les parents peuvent également prendre des notes dans un journal ou, s'ils utilisent un iPad, dactylographier ou imprimer les notes pour en faciliter la lecture. De cette façon, le jeune cavalier peut revoir ce qu'il a appris et se sentir en confiance lors de la prochaine leçon.

Voici le graphique illustrant les différentes positions équestres de la première leçon, ainsi que le nombre correspondant de points de contact entre le cavalier et le cheval :

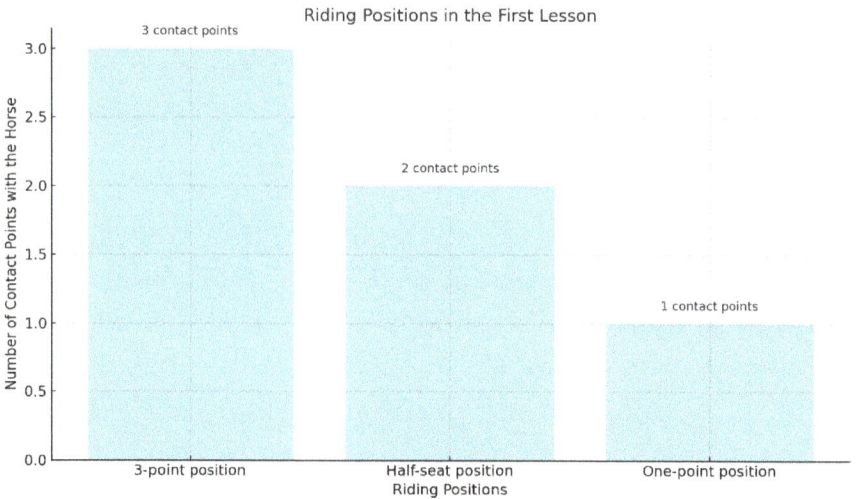

Position en 3 points : Les mains, le siège et les jambes du cavalier sont en contact avec le cheval, ce qui en fait une position stable avec trois points de contact.

Position demi-assise (2 points) : Le siège et les jambes du cavalier sont en contact avec le cheval, avec une légère inclinaison vers l'avant, réduisant les points de contact à deux.

Position en un point : Seules les jambes du cavalier sont en contact avec le cheval, ce qui assure un contact minimal et permet au cavalier de se tenir droit, ce qui favorise l'équilibre et l'étirement.

Ce graphique représente visuellement la façon dont la connexion du cavalier avec le cheval change au fur et à mesure qu'il passe par différentes positions d'équitation, ce qui l'aide à développer son équilibre, sa flexibilité et ses compétences d'équitation.

CHAPITRE 4
L'ÉQUITATION EN MOUVEMENT

Après les quatre premières leçons, le cavalier sérieux devrait prendre deux leçons par semaine, avec un ou deux jours de repos entre les sessions, puis la deuxième leçon dans la même semaine. Cette routine donne aux jeunes cavaliers le temps d'assimiler ce qu'ils ont appris tout en gardant leurs compétences à jour. Ces séances se déroulent sur une ligne de longe, avec un rayon de 30 à 45 pieds pour un enfant et de 45 à 60 pieds pour un adulte. La leçon se déroule entièrement au pas, avec des intervalles d'arrêt, renforcés par des ordres vocaux - en utilisant toujours "ho" au lieu de "whoa !".

L'instructeur insistera sur le mot "ho" auprès du cavalier, qui le répétera 4 à 5 fois pour renforcer le son. Tout au long de la leçon, le cavalier apprendra à communiquer efficacement avec le poney. Même si les animaux ne comprennent pas les mots, ils réagissent bien aux sons et aux tonalités cohérents. Au début de la leçon, le cavalier devra utiliser le mot "marche" pour déclencher le mouvement du poney, accompagné d'un léger coup de pied des deux jambes en même temps. Le poney marchera ensuite et l'instructeur rappellera au cavalier de respirer à la fois par la bouche et par le nez pour rester calme et concentré.

Le jeune cavalier tiendra les rênes courtes au-dessus du garrot du poney et s'entraînera à arrêter le poney. Lorsque le cavalier dit "ho", il tire doucement en arrière avec les deux mains en passant par les coudes. Le cavalier peut parfaitement dire "ho" plus d'une fois si nécessaire, en utilisant une voix calme et régulière. Le cavalier apprendra à s'arrêter pendant au moins 5 secondes, et l'instructeur le guidera dans le décompte de ce temps. Chaque fois que le poney répond positivement aux ordres du cavalier, celui-ci doit lui donner une tape sur l'encolure en guise de récompense. Cette séquence est répétée 5 à 6 fois, en alternant marche en avant et halte, jusqu'à ce que le poney et le cavalier se sentent très à l'aise l'un avec l'autre. Le cavalier s'apercevra rapidement que le fait de parler à l'animal lui permet d'acquérir une capacité de communication vitale qui renforce leur lien.

Dans cette leçon essentielle, l'instructeur guidera le cavalier pour qu'il travaille dans les deux sens. (L'étiquette en équitation veut que l'on commence toujours par la piste gauche en entrant dans le manège).

Par exemple, en entrant dans le ring, le cavalier tourne toujours à droite, ce qui fait de sa main intérieure la main gauche (celle qui est la plus proche du centre du ring), désignant la direction comme "gauche".

Pendant la deuxième moitié de la leçon, le moniteur demandera au cavalier de passer à la "piste droite" sur la ligne de longe, en l'aidant à tourner le poney dans la direction opposée. Par exemple, si le cavalier tourne le poney vers la droite, il utilisera sa jambe extérieure (jambe gauche) et sa main droite pour guider le poney vers la droite.

Pour tourner à gauche, le cavalier utilisera sa jambe droite et sa main gauche. Ces aides à l'équitation constituent les bases d'une communication efficace entre le cavalier et son poney.

À la fin de chaque leçon, le jeune cavalier s'exercera à descendre du poney au sol, en veillant à ce que ses deux jambes/pieds atterrissent en même temps. Pour descendre, le cavalier prend les deux rênes dans sa main gauche et s'accroche au pommeau de la selle avec les doigts en dessous. Il se lève sur les deux étriers, fait passer sa jambe droite par-dessus la selle et utilise l'ordre vocal "ho" pour se détendre. Une fois la jambe droite passée, il reste brièvement debout, puis glisse son pied gauche hors de l'étrier. L'instructeur soutiendra le cavalier en lui tenant la taille, l'aidant à s'équilibrer avant qu'il ne glisse tranquillement vers le sol.

Sous la direction du moniteur, le cavalier fait passer les rênes par-dessus le cou et la tête du cheval, en tenant la boucle de la main gauche et le reste des rênes à 15 cm de hauteur de la main droite. Le cavalier regarde l'instructeur remonter les étriers par-dessus les sangles du côté gauche, puis desserrer la sangle (la ceinture qui maintient la selle en place). L'instructeur défait la première courroie (il y en a trois), la laissant lâche tout en gardant la troisième courroie attachée. (La sangle du milieu sert de réserve en cas de rupture de l'une des autres).

Le cavalier suivra ensuite l'instructeur jusqu'au côté droit du cheval, où il tirera l'autre étrier pour le faire glisser vers les cuirs. Au fur et à mesure que le cavalier prend de l'assurance, il commencera à manipuler les cuirs et à desserrer la sangle tout seul. À la quatrième ou cinquième leçon, la plupart des cavaliers peuvent le faire de manière autonome avec l'aide de leur moniteur.

CHAPITRE 5
RAMENER VOTRE
PONEY/CHEVAL AU LAVOIR

Pour le pansage, le cavalier et le moniteur marcheront ensemble sur le côté gauche du poney et se dirigeront vers l'étagère de lavage, où le poney a été initialement pansé et sellé. En s'approchant du râtelier de lavage, le cavalier et le moniteur regarderont droit devant eux, puis guideront le poney dans le râtelier de pansage (également appelé râtelier de lavage) avant de tourner le poney vers la gauche et de le conduire vers l'avant du râtelier de pansage. Cette approche organisée permet au poney et au moniteur de rester alignés et en sécurité.

L'instructeur montrera comment enlever la bride après avoir placé le licol autour du cou du poney et attaché une longe. En commençant par tenir les rênes dans sa main gauche, le moniteur détachera la sangle de cou autour de la gorge du cheval (pomme d'Adam). Une fois la sangle détachée, il relâche la muserolle, ce qui permet à la bride de glisser sur les oreilles du cheval (têtière). Une fois la bride enlevée (le licol et la longe étant déjà attachés autour du cou du poney), l'instructeur ajuste le licol autour de la tête du poney, en amenant la sangle du licol autour de la tête du cheval et en l'attachant par la boucle, la longe étant toujours attachée.

Une fois le licol fixé, vous pouvez retirer la longe et la suspendre au crochet du panier à linge. Le poney est ensuite attaché à l'aide de deux attaches en croix, une de chaque côté du licol, afin de le maintenir en place en toute sécurité. À ce stade, la selle peut être retirée du dos du poney et placée sur le porte-selle dans l'aire de pansage, avec la bride. Le poney est maintenant prêt à prendre un bain (à l'eau chaude) ou à subir d'autres soins si nécessaire.

(Une liste d'articles de toilette qui doivent toujours être disponibles) :

1. Un seau avec de l'eau chaude et une éponge.
2. Un seau avec de l'eau savonneuse et une éponge.
3. Un seau avec du liniment (de préférence Bigeloil ou Vetrolin mélangé à de l'eau chaude).
4. Un grattoir en aluminium pour enlever l'excès d'eau après le bain de savon.
5. En fonction du temps, s'il fait froid dehors ou si le poney vient d'être tondu, après avoir enlevé l'excès d'eau, placez une glacière en coton doux (couverture légère) sur tout le corps du poney pour l'aider à réguler sa température.

Une fois que le poney est sec, il peut être ramené dans son box ou son paddock. Si c'est le soir ou si l'on prévoit un temps plus frais, on peut mettre un drap de jour ou une couverture sur le poney pour lui donner plus de chaleur.

Votre prochaine leçon :

Le trot montant, ou trot enlevé, est un mouvement perpétuel qui, lorsqu'il est expliqué correctement, est facile à assimiler pour un jeune cavalier. Nous commençons par enseigner le trot enlevé étape par étape : d'abord à l'arrêt, puis au pas, et enfin au trot enlevé proprement dit. L'instructeur fera une démonstration en se tenant debout sur le sol avec les genoux pliés, montrant comment le mouvement prend naissance dans le bas du dos, se déplace dans les os du siège et se connecte par l'intérieur des cuisses, avec des angles de genoux légèrement ouverts.

L'élève apprendra que le trot enlevé est un mouvement d'avant en arrière, allant de la base (milieu) de la selle vers le pommeau (avant) de la selle. Les cavaliers doivent éviter de se contenter de rebondir de haut en bas ; ils doivent plutôt s'efforcer de transférer leur poids dans leurs mollets, jusqu'à leurs talons et leurs bottes, et de permettre à ce poids de les stabiliser. Cette approche permet d'obtenir une conduite plus souple et plus cohérente.

Cette leçon sera entièrement consacrée à la pratique du trot montant, en commençant à l'arrêt et en progressant progressivement jusqu'au pas. Veillez à vous habiller chaudement s'il fait frais, avec une veste et une chemise à manches longues, jusqu'à ce que le cavalier soit complètement équipé. Le cavalier peut commencer avec un jean en coton et n'importe quelle botte ou chaussure qui protège les os de la cheville. À la quatrième leçon, il devrait être entièrement équipé.

Liste d'achats :

Votre instructeur vous guidera dans ces achats, en vous faisant des recommandations et en vous suggérant où commander tous les articles essentiels à la pratique de l'équitation.

1. Jodhpurs (pantalons d'équitation) avec poches et bottes d'équitation courtes (paddock boots) pour les cavaliers âgés de 10 ans et moins.
2. Culotte d'équitation avec poches, associée à de grandes bottes d'équitation noires pour les 11-17 ans et tous les amateurs. Optez toujours pour des bottes hautes avec fermeture éclair et portez des chaussettes longues.
3. Un polo, à manches courtes ou longues.
4. Une paire de gants d'équitation noirs.
5. Une batte, un bâton ou une cravache courte (10-12 pouces) à avoir à portée de main lorsque l'instructeur en autorise l'utilisation.
6. Un casque d'équitation réglementaire bien ajusté et muni d'une sangle de sécurité.
7. Une ceinture à porter en permanence pour plus de maintien et de style.
8. Apportez toujours des carottes les jours de cours (pas de morceaux de sucre ni de pommes, s'il vous plaît).

CHAPITRE 6
APPRENDRE LE TROT ASSIS ET LE TROT ENLEVÉ

Le jeune cavalier va maintenant apprendre à s'asseoir au trot assis, en se déplaçant à une vitesse de 6 à 8 miles par heure. À ce rythme, nous voulons que les cavaliers se laissent aller à un rebond naturel, ce qui crée un rythme et une sensation de mouvement, de sorte qu'ils restent centrés sur leur équilibre - leur centre de gravité. Le jeune cavalier sentira le rythme, en suivant un rythme simple : (1-2, 1-2, 1-2). Les principes fondamentaux sont similaires à ceux appliqués lors de l'apprentissage de la marche et de l'arrêt.

En étant assis au trot, l'instructeur demandera au cavalier de dire "ho", de marcher avec les deux mains, de soulever sa cage thoracique, de marcher sur ses talons, puis de dire "ho" à nouveau pour s'arrêter pendant 5 secondes. Cet exercice sera répété 3 à 4 fois. Le cavalier inversera ensuite les directions et ira sur la piste à droite, en répétant le même exercice qu'il a fait en allant sur la piste à gauche.

Lorsque nous introduisons le trot à l'arrêt et que nous apprenons au cavalier à l'arrêter, il convertit le rebond en un mouvement d'avant en arrière appelé la poussée du bassin. L'objectif est que le cavalier "effleure" la selle en douceur en glissant de la base de la selle au pommeau (à l'avant). Seuls les os du siège s'engagent, ce qui fait travailler l'intérieur des cuisses et le bassin, tout en évitant d'utiliser les genoux pour se poster. Parfois, les instructeurs utilisent des phrases comme "de haut en bas, d'avant en arrière et 1-2-3-4" pour aider le cavalier à suivre le mouvement.

L'instructeur demandera au cavalier de rester immobile et s'approchera en plaçant sa main droite sur le bas du dos du cavalier et sa main gauche sur son genou. Il ouvrira doucement le genou et soutiendra le bas du dos, aidant ainsi le cavalier à frôler la selle, à avancer et à s'installer dans la base de la selle.

Le trot montant (posting trot) se fait à une allure légèrement plus rapide de 8 à 10 milles à l'heure, ce qui crée une énergie plus rebondissante et permet au cavalier de maintenir plus facilement un mouvement continu à travers les os de son siège. Debout à côté du cavalier, l'instructeur peut également montrer à quoi ressemble le mouvement d'affectation, car une démonstration visuelle en dit souvent plus long que des mots. Il rappellera au cavalier de diriger tout le poids de son corps vers ses talons. Lorsque le cavalier commence à ressentir une détente dans le bas du dos, les os du siège et l'intérieur des cuisses, et que le poids se déplace naturellement vers les jambes et les talons, le mouvement d'affectation se développe de lui-même et un rythme naturel apparaît.

Apprendre à se poster au trot montant suit le même principe que l'apprentissage d'un pas de danse - comprendre comment bouger le corps sur un rythme régulier, au rythme de 1-2, 1-2, 1-2.

Au cours des trois leçons suivantes, le cavalier mettra en pratique toutes les techniques enseignées par l'instructeur, en s'efforçant de perfectionner le véritable mouvement du trot montant (trot d'affichage). La session se terminera par une transition du cavalier au pas et à l'arrêt, en utilisant les commandes vocales : "ho walk" et "ho". Cet exercice est réalisé sur la ligne de longe, ce qui permet à l'élève de se concentrer sur son mouvement d'affichage, sur l'enfoncement de ses talons et sur la communication avec son poney. Les parents sont encouragés à enregistrer la séance et à prendre des notes dans leur journal, afin d'enregistrer les progrès du cavalier.

Voici le graphique illustrant la comparaison de la vitesse cinétique pour les deux techniques essentielles du trot :

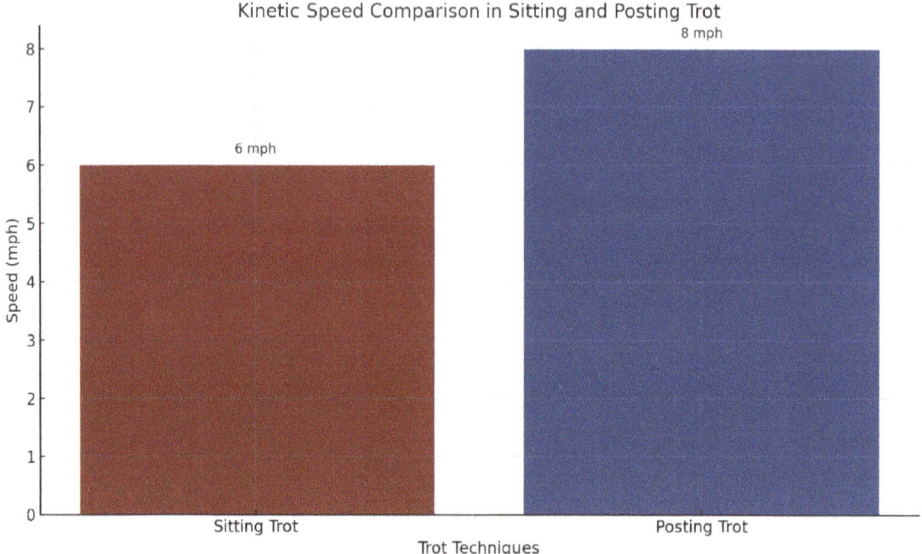

Trot assis : La vitesse est fixée à 6 mph, où le cavalier se synchronise avec le rebond vertical du cheval, en maintenant l'équilibre et la connexion.

Trot d'affichage : À 8 mph, le cavalier emploie un mouvement de poussée vers l'avant, se levant de la selle en rythme avec le mouvement du cheval, en se concentrant sur l'équilibre des jambes et des os du siège.

Ce graphique souligne la différence de vitesse et la progression technique nécessaire à la maîtrise de ces techniques de trot.

CHAPITRE 7
ROULER SEUL, TOUT SEUL

Ton instructeur est dans le manège avec le jeune cavalier, mais celui-ci est maintenant confronté à son prochain grand test de communication avec son poney. À ce stade, le jeune cavalier est monté une douzaine de fois. La confiance s'est installée, la relation entre le cavalier et le poney est très confortable et le cavalier a pleinement confiance en son instructeur. Les bases ont été établies, mais le cavalier doit se rappeler qu'il n'est pas encore prêt à monter seul.

Pour commencer, l'instructeur guidera le cavalier vers la piste gauche au pas, en comptant chaque foulée à voix haute : 1-2-3-4, chaque pas en diagonale du poney mesurant environ 8 à 10 pieds sur un poney mesurant entre 13 et 14 mains. Toutes les 10 à 12 foulées, le cavalier demande au poney de s'arrêter en lui disant doucement "ho" (jamais "whoa") et en tirant légèrement sur les rênes. Cet arrêt régulier toutes les 10 à 12 foulées est un accomplissement important pour le jeune cavalier, le moniteur et les parents.

Cette leçon sera répétée au cours des deux ou trois séances suivantes, jusqu'à ce que le jeune cavalier soit prêt à aller plus loin. À ce moment-là, ils passeront au trot assis et au trot enlevé, en utilisant toute l'arène. Les cavaliers débutants commenceront à être satisfaits de leurs progrès, et prendront confiance en eux au fur et à mesure que l'instructeur les guidera pour qu'ils montent seuls à cheval.

À ce jour, le cavalier débutant a suivi environ 16 leçons. Il a été suggéré que les élèves montent à cheval au moins deux fois par semaine, de sorte qu'en l'espace de deux mois environ, ils auraient atteint cette étape de 16 leçons. Tant que l'instructeur suit une approche pédagogique cohérente, ces objectifs seront atteints. Il arrive que les moniteurs soient distraits ou préoccupés, ce qui affecte leur concentration et, en fin de compte, celle de l'élève. Un instructeur qui manque de concentration n'est pas un atout. L'instructeur doit toujours être concentré à 100 % sur le cavalier et le cheval ou le poney.

C'est pourquoi j'ai écrit ce livre d'instructions pour débutants à l'intention des moniteurs et des parents.

Au cours des leçons suivantes, pendant les 3 à 4 semaines suivantes (deux fois par semaine, si possible), le jeune cavalier ou l'adulte débutant montera dans un manège plus petit ou dans la moitié d'un manège plus grand. Par exemple, dans un manège de 100x200, ils peuvent monter dans une moitié, ou dans un enclos rond qui mesure au moins 60x90 pieds. Cet espace plus petit permet au cavalier de se sentir libre et en sécurité tout en prenant confiance en lui.

Pour leur première leçon en solitaire, le moniteur passera en revue tout ce qui se trouve dans les chapitres 1 à 7. Le cavalier peut être à la fois excité et un peu nerveux à l'idée de montrer ce qu'il a appris. Il sera rassuré de savoir que le moniteur est là pour lui, verbalement, physiquement et mentalement. Ces premières séances en solo sont cruciales pour que le cavalier prenne confiance en lui.

Les trois ou quatre semaines suivantes sont essentielles pour que le cavalier débutant acquière une confiance totale grâce à une pratique cohérente à chaque leçon. C'est à l'instructeur de coordonner soigneusement ces leçons, en gardant un plan d'enseignement clair et cohérent pour que chaque compétence soit renforcée.

Avant chacune des prochaines leçons, après que le cavalier soit monté, l'instructeur et le cavalier prendront un moment pour discuter du plan de la journée. L'instructeur doit expliquer clairement ce qu'ils vont réviser en donnant des instructions simples, étape par étape. Décomposer chaque partie de l'exercice aide le cavalier à se concentrer sur un aspect à la fois.

Par exemple, l'instructeur peut dire : "Marchez, puis arrêtez-vous avec un ordre vocal, 'ho'", comme cela a été enseigné au départ. Ensuite, il reprendra chaque exercice appris au cours des 16 premières leçons, en renforçant les capacités croissantes du cavalier et son aisance en selle.

L'entraîneur Michael a formé plus de 5000 élèves tout au long de sa carrière, âgés de 6 à 75 ans. Ancien

CHAPITRE 8
PASSE EN REVUE TOUT CE QUE TU AS APPRIS JUSQU'À PRÉSENT

1. Entre dans le box avec l'instructeur, apprends à mettre le licou et la longe et à enlever la couverture ou le drap de jour du cheval.
2. Amène le cheval jusqu'à l'étagère de lavage ou l'étagère de pansage. Fais entrer le cheval avec l'instructeur, retourne le cheval ou le poney et attache les travers aux anneaux du licol.
3. L'instructeur fera une démonstration de la façon de toiletter le cheval. Après avoir regardé chaque étape,

l'élève utilisera les mêmes outils de pansage pour s'entraîner tout seul.

4. Parement du poney ou du cheval : commence par mettre les bottes du poney ou du cheval, puis le tapis de selle, et enfin, la selle. Attache la sangle du côté opposé (côté droit), en la fixant à travers les sangles de billettes, en utilisant 2 à 3 trous vers le bas. Ensuite, passe du côté du montage (côté gauche) et relie la sangle aux sangles à billettes par 2 ou 3 autres trous. Après avoir fixé la selle, va chercher le bridon, défais le licol et boucle-le autour du cou du poney ou du cheval. La tête du cheval étant libre, tu peux mettre la bride et attacher toutes les sangles.

  o Si le poney ou le cheval utilise une martingale debout (jamais une martingale courante), cela sera expliqué dans un autre chapitre. La martingale passe par-dessus la tête et descend jusqu'au poitrail, la sangle inférieure étant attachée à la sangle. L'instructeur te guidera à chaque étape.

  o Pour ajuster la sangle, défais la boucle du côté du montage, soulève le rabat de la selle à l'endroit où la sangle a été bouclée, et glisse la boucle dans la sangle pour la centrer sous le milieu du canon du cheval. Ton moniteur t'aidera à seller complètement le cheval, en s'assurant que tout est bien en place.

  o Une fois que ton cheval est entièrement sellé, procède aux derniers ajustements. Sur le côté opposé, resserre la sangle d'un ou deux trous supplémentaires, en utilisant les première et troisième sangles de billettes. Maintenant, ton instructeur et toi êtes prêts à conduire votre monture dans le ring pour la monter.

5. Marche avec ton instructeur sur le côté gauche du cheval dans le manège. Approche-toi ensuite du bloc de montage et regarde l'instructeur serrer la sangle une dernière fois pour s'assurer qu'elle est bien fixée. Tu es maintenant prêt à monter.

6. Suis les étapes ci-dessous, en révisant ce que tu as appris au cours de tes 12 à 16 premières leçons. Cette progression dépend de l'évaluation par ton instructeur de ton aptitude à aller de l'avant, ce qui peut se produire plus tôt que les 16 leçons.

Étapes de l'examen :

1. Monte ton cheval.
2. Descends de ton cheval.
3. Pratique les trois positions de conduite (1, 2 et 3 points). N'oublie pas que la position à 2 points est maintenant appelée "demi-siège".
4. Fais marcher et arrête ton cheval en utilisant l'ordre vocal "ho" et non "whoa".
5. Marche et trot assis, puis arrêt du cheval avec "ho".
6. Marcher et monter au trot (apprendre à se poster), puis s'asseoir profondément dans la sellerie, les talons en bas, et arrêter le cheval.
7. Tourne ton cheval à droite et à gauche en utilisant ta main et la jambe opposée.

8. Faire de grands cercles (20 mètres) dans les deux sens, en commençant par le pas, puis le trot assis, et enfin le trot en poste, en terminant par une halte.

9. Enlève tout le matériel dans le panier de lavage et donne au cheval un bain complet - lave son visage, son ventre et entre ses pattes arrière avec une éponge, puis enlève l'excès d'eau.

10. Ramène le cheval dans son box et mets-lui son drap de jour ou sa couverture. Récompense-le toujours avec une carotte

CHAPITRE 9
APPRENDS TES DIAGONALES

Pendant de nombreuses années, les diagonales ont été enseignées de manière incorrecte et, par conséquent, de nombreux cavaliers regardent encore aujourd'hui vers le bas pour vérifier ou trouver leurs diagonales correctes. Traditionnellement, on apprenait aux cavaliers à se mettre à l'arrêt (en utilisant l'os du siège et le mouvement du bassin) et à se lever au trot lorsque la patte avant extérieure du cheval, celle qui se trouve à côté de la barre du manège, se déplaçait vers l'avant. Cependant, cette méthode n'aide pas le cavalier à apprendre correctement ses diagonales. Au lieu de cela, lorsque la jambe avant extérieure ou l'épaule du cheval recule

47

vers le cavalier, ce dernier doit se mettre au trot d'affichage immédiatement. Cela permet de synchroniser le rythme entre le cheval et le cavalier.

Tout au long de cette leçon, le cavalier - enfant ou adulte - s'efforcera de sentir et de trouver la bonne diagonale au pas et au trot assis. Lorsqu'il fait marche arrière pour pratiquer la diagonale opposée (piste à droite), le cavalier se concentre sur la jambe ou l'épaule avant gauche extérieure. Lorsqu'elle revient vers lui, il commence immédiatement à se poster sur la bonne diagonale. Cette méthode aide le cavalier à apprendre et à sentir correctement ses diagonales.

Un exercice utile pour apprendre les diagonales consiste à utiliser le mot "arrière" comme repère verbal. Chaque fois que le cavalier sent la jambe avant extérieure du cheval sur la barre du manège revenir , il doit dire "arrière, arrière, arrière" tout en s'exerçant au pas et au trot assis. L'instructeur guidera le cavalier pour qu'il regarde la patte avant extérieure ou l'épaule du cheval afin de vérifier, et le cavalier confirmera avec l'instructeur une fois qu'il aura bien compris. Les erreurs font partie du processus d'apprentissage et, progressivement, le cavalier développera la capacité de sentir le bon rythme dans son corps - en particulier dans le bas du dos et dans le siège - et de comprendre comment le cheval se déplace sous lui.

Il est essentiel que le cavalier comprenne qu'au pas, au trot assis et au trot enlevé, le cheval déplace ses jambes en diagonale : la jambe avant droite avec la jambe arrière gauche, et la jambe avant gauche avec la jambe arrière droite. L'élève s'exercera au pas, dans les deux sens du ring, avec pour objectif de réaliser quatre diagonales correctes consécutives. Une fois cet objectif atteint, il passe au trot assis, puis au pas et enfin à l'arrêt, le tout en utilisant les commandes vocales.

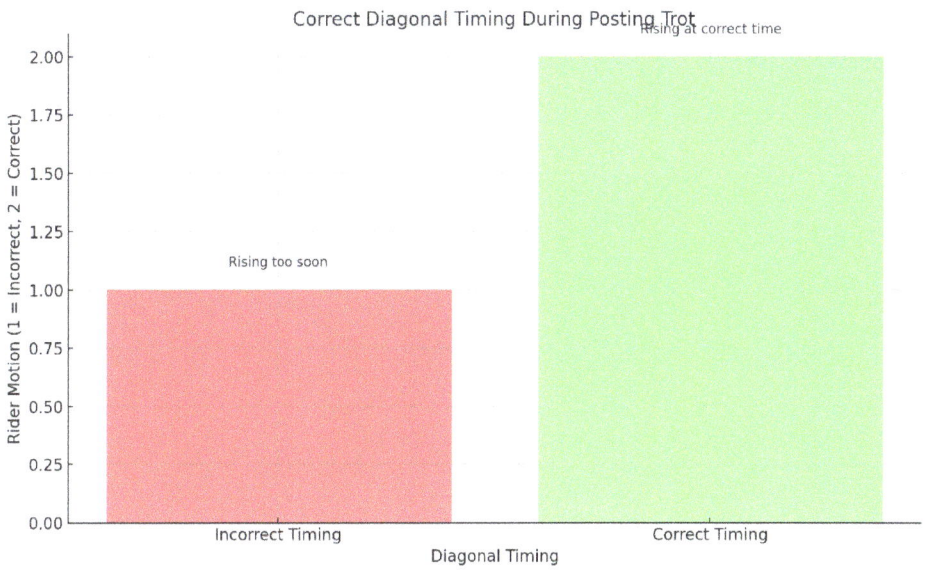

Avant chaque leçon, le cavalier doit entrer dans le ring à pied et apporter une bouteille d'eau qu'il remettra à l'instructeur. Cela permet à l'instructeur de demander au cavalier de s'arrêter à intervalles réguliers pendant les exercices, assurant ainsi des pauses d'hydratation en cas de besoin. Il est essentiel d'avoir de l'eau à disposition à chaque leçon pour maintenir l'énergie et la concentration.

Lorsqu'il s'agit de se mettre dans la bonne diagonale au trot d'affichage à partir du pas, le cavalier doit demander au cheval de trotter vers l'avant tout en gardant un peu plus de poids sur l'os du siège extérieur (à côté de la barre du manège).

Cela l'aide à sentir que la jambe et l'épaule du cheval reviennent, ce qui lui permet de s'élever dans le trot avec confiance et d'atterrir sur la bonne diagonale sans hésitation.

Mauvais timing : Le cavalier se lève trop tôt, généralement lorsque le membre antérieur extérieur et l'épaule du cheval se déplacent vers l'avant, ce qui entraîne un déséquilibre et un manque de synchronisation entre le cavalier et le cheval.

Timing correct : Le cavalier se lève au bon moment lorsque le membre antérieur extérieur et l'épaule du cheval se déplacent vers l'arrière, ce qui garantit que le cavalier et le cheval sont en harmonie, créant ainsi un trot plus doux et plus équilibré.

Cette représentation visuelle clarifie le moment où le cavalier doit commencer à poster pour maintenir un rythme et un alignement corrects avec le mouvement du cheval.

CHAPITRE 10
POTEAUX ET CAVALETTI'S

Lorsque j'enseigne les bases, je commence toujours les élèves par des exercices de marche et de trot sur des piquets de sol simples et des cavaletti. Les cavaletti sont trois piquets ou plus placés à environ 1,5 mètre de distance pour un grand poney ou un cheval de taille moyenne. L'objectif principal de ces exercices, alors que les élèves sont encore au pas, au trot assis et au trot à l'arrêt, est de leur donner confiance en eux. Cette approche renforce également la bravoure du cavalier et sa confiance dans les capacités de son cheval.

La première moitié de la leçon se concentre sur le travail à plat avec l'instructeur, en se déplaçant dans les deux directions autour de l'arène au pas, au trot assis et au trot enlevé. Avant de plonger dans le travail à la perche, l'instructeur demandera au cavalier de s'exercer aux positions 1, 2 et 3 points. La position à 1 point consiste à se tenir debout dans les étriers et à tenir la crinière du cheval avec la main extérieure pendant un compte de 10. Elle est suivie de la position à 2 points (également appelée demi-assise, avec une position modifiée pour éviter de s'effondrer), puis du retour à la position à 3 points. Une fois que le cavalier est à l'aise avec les trois positions dans les deux sens, il fait une pause de 5 minutes pour se détendre, boire un verre et laisser le cheval se détendre également.

51

Ensuite, la leçon passe au travail à la perche. Dans l'arène, place quatre perches autour du ring : deux perches le long du grand côté au milieu et une sur chaque petit côté du ring. Une fois que le cavalier a fait le tour de l'arène en position 3 points, l'instructeur lui fait répéter la marche en position 1 point et demi-assise. Au centre de l'arène, installe trois cavaletti à environ 3-4 pieds de distance, selon la taille du poney ou du cheval.

Pour conclure la leçon d'aujourd'hui, le cavalier marchera sur les cavaletti dans les deux sens. Il marchera jusqu'à l'extrémité du ring, s'arrêtera pendant cinq secondes, fera faire demi-tour à son cheval et reviendra sur les cavaletti, en s'arrêtant à nouveau pendant cinq secondes. Cet exercice sera répété trois fois dans chaque direction.

"Maintenant, à ta prochaine séance d'enseignement".

Une fois que l'élève a acquis la confiance et la compréhension nécessaires, il est temps d'incorporer le trot au pas et le trot d'affichage sur les quatre piquets extérieurs. L'instructeur demandera à l'élève de trotter sur les trois cavaletti dans les deux sens, en s'arrêtant pendant cinq secondes en ligne droite à l'extrémité du manège. Ce travail sur les perches et les cavaletti sera abordé en position trois points et en position demi-assise.

La première moitié de cette leçon consistera en une révision de l'échauffement avec l'instructeur sur le plat. Cela comprend la marche dans les deux directions, le trot assis et le trot à l'arrêt, avec une attention particulière aux diagonales correctes et à la pratique des trois positions de l'équitation. Le pas et les deux trots seront guidés par des commandes vocales, et chaque segment se terminera par un arrêt de cinq secondes pour renforcer le contrôle et la communication

CHAPITRE 11
L'APPRENTISSAGE DU GALOP

(ENSEIGNER LES BASES DE LA POSITION ET DU DÉPART DES COUREURS)

Au départ, le cavalier et l'instructeur se tiennent côte à côte au milieu du ring. L'instructeur commence par revoir la position en 3 points avec le cavalier, puis montre comment déplacer sa jambe extérieure légèrement derrière la sangle, tandis que la jambe intérieure du cavalier reste à la sangle. L'instructeur se déplacera des deux côtés du cheval pour démontrer physiquement la position correcte des jambes et guider le cavalier sur la façon d'engager les deux jambes.

Des trois allures naturelles d'un cheval (pas, trot, galop), le galop est la plus fluide et, dans 90 % des cas, la plus confortable pour les cavaliers. Il est souvent utile de demander à un cavalier plus expérimenté de montrer un départ de galop à partir du pas et du trot, car cet exemple visuel est bénéfique pour les élèves observateurs. Le galop suit un rythme à trois temps, que l'on peut compter de la manière suivante : "1 et 2, 1 et 2". Certains instructeurs peuvent utiliser "1, 2, 3, et 1, 2, 3", mais cela est incorrect et doit être évité. L'équitation, à bien des égards, a un rythme similaire à celui de la musique et doit être entendue et vue.

Pour réussir l'entraînement au galop, il est essentiel d'avoir des chevaux bien adaptés dans le programme du centre équestre. Un bon cheval de manège passera en douceur au galop en montée, ce qui permettra au cavalier de se sentir à l'aise et en confiance lorsqu'il découvrira l'allongement de la foulée du cheval. Je recommande vivement que, pour ses premières tentatives de galop, un enfant ou un cavalier adulte soit amené au centre du manège et placé sur une ligne de longe. La ligne doit être attachée à travers le mors, la couronne du cheval, et attachée à l'anneau du mors opposé, donnant à l'instructeur un contrôle doux mais efficace sur la tête et l'encolure du cheval.

Comme le cavalier s'est exercé sur la ligne de longe au cours des séances précédentes, il devrait déjà être à l'aise au pas, à l'arrêt et au trot, en utilisant les bonnes positions de monte et les ordres vocaux. Une fois que le cavalier est à l'aise sur un cercle de 20 mètres (environ 67 pieds de circonférence), l'instructeur le fera marcher, puis s'arrêtera brièvement pour prendre un verre et se détendre avant de poursuivre la séance avec l'entraînement au galop.

Pour initier le galop, l'instructeur guidera le cavalier pour qu'il marche rapidement vers l'avant. Assis bien droit en position 3 points, le cavalier place sa jambe extérieure légèrement derrière la sangle, la pointe du pied inclinée vers l'extérieur et le talon vers le bas, tandis que la jambe intérieure reste au niveau de la sangle. De la main gauche, le cavalier tourne doucement la tête et l'encolure du cheval vers l'intérieur, en maintenant un léger contact avec la bouche du cheval. Le cavalier doit alors donner une légère pression ou un coup de pied doux avec la jambe extérieure et peut ajouter un "cluck" ou un "kiss", tout en pressant la jambe intérieure à la sangle pour inciter le cheval à prendre le galop.

Pendant ce processus, l'instructeur garde un contrôle total sur le cheval grâce à la ligne de longe, ce qui permet au cavalier de se concentrer sur son assise et son équilibre. Le cavalier est encouragé à saisir un bout de la crinière du cheval ou à s'accrocher au pommeau de la selle pour plus de sécurité si nécessaire. Le cheval et le cavalier galopent ensemble pendant 4 à 6 foulées avant que l'instructeur ne demande au cavalier de dire "Ho" (jamais "Whoa"), signalant un retour au pas avec une légère traction sur la rêne extérieure et une légère pression sur la rêne intérieure. Le cheval bien dressé doit alors revenir au pas en douceur.

Cet exercice de galop sera répété 3 à 4 fois au cours de la session. Avec chaque répétition positive, le cavalier et le cheval deviennent plus à l'aise et plus confiants, renforçant ainsi leur lien. Ce processus permet d'établir une relation positive entre le cheval, le cavalier et l'instructeur, en établissant une confiance mutuelle. Ensemble, le moniteur et le cavalier compteront le rythme du mouvement du cheval comme "1 et 2, 1 et 2". N'enseignez jamais le rythme comme "1-2-3, 1-2-3", car cela est incorrect et peut perturber la sensation naturelle du cavalier pour le galop.

La confiance du cavalier envers le moniteur 'est accrue et le rôle du moniteur reste d'encourager le cavalier en lui montrant qu'il est capable d'exceller dans ses compétences équestres.

CHAPITRE 12
LORS DE LA PROCHAINE
SESSION DU CAVALIER, TOUS
LES TRAVAUX DE BASE À PLAT
SERONT MAINTENANT RÉUNIS.

Une séance d'équitation complète commence par l'utilisation de la moitié du manège, le cavalier commençant toujours par la piste gauche (la main intérieure du cavalier indique la direction dans laquelle il se dirige). Au cours des 6 à 10 séances suivantes, l'instructeur se concentrera sur le développement des compétences fondamentales du cavalier par le biais d'un travail sur le plat, en pratiquant le pas , le trot assis, le trot enlevé, le galop et des transitions douces vers le haut et vers le bas.

Avec le travail acharné et les compétences que le cavalier a développées, il est essentiel que, pendant ces 6 à 10 séances, l'instructeur se concentre sur l'utilisation par le cavalier des trois positions clés de la selle. Cette répétition et cette concentration sur la position consolideront l'équilibre, la posture et le contrôle général du cavalier, créant ainsi une base solide pour l'équitation future.

L'attention diligente de l'instructeur sur ces points pendant les séances de travail à plat aidera le cavalier à gagner en confiance et à maîtriser chaque transition, le préparant ainsi à des manœuvres plus avancées avec un sens approfondi du rythme et du contrôle.

Rappelons-le : La position en 3 points est une position d'équitation naturelle, avec trois parties du corps du cavalier en contact avec le cheval : les mains, le siège et les jambes. La position en 2 points (aujourd'hui enseignée sur le site sous le nom de position "demi-assise") est souvent mal comprise. De nombreux instructeurs et entraîneurs enseignent la position en deux points, mais les cavaliers ont tendance à projeter leur corps vers l'encolure du cheval, ce qui est tout simplement laid. La demi-assise permet au cheval de sauter par-dessus les barrières. En demi-assis, le cavalier a deux parties de son corps en contact avec le cheval (son siège et sa jambe). Ses mains sont légèrement tendues vers l'avant, le long de la crête du cheval. C'est la position correcte du cavalier ! L'hyperactivité du cavalier n'entrave pas les performances du cheval. Cette position aide le cavalier à rester ouvert au niveau de la cage thoracique. En même temps, l'angle des hanches du cavalier est fermé lorsqu'ils sont tous les deux en l'air.

La position en un point est la position d'exercice pour un équilibre soutenu, pour renforcer la jambe du cavalier et la flexion qui descend dans les talons du cavalier. La position en un point est celle où la jambe est attachée au cheval tandis que le siège du cavalier et la partie supérieure de son corps sont droits hors de la selle. Le cavalier finira par adopter cette position au pas, au trot et au galop. Il peut toujours saisir la crinière du cheval avec sa main intérieure pour conserver son équilibre.

À l'avenir, le cavalier passe du statut de cavalier débutant à celui de cavalier débutant, puis à celui de novice, de cavalier intermédiaire et enfin de cavalier avancé. Tout en continuant à s'améliorer, le cavalier participera à des concours hippiques d'entraînement, à des concours de dressage et à des concours de comté jusqu'à ce qu'il soit qualifié pour participer à un concours hippique classé

Au cours des 6 à 10 séances suivantes, l'instructeur commencera à faire des tests de 2 à 3 minutes sur le plat pour le cavalier. Il s'agit d'une partie essentielle du développement mental de chaque cavalier ( ). (Nous ne commencerons pas ces tests sur le plat avant que le cavalier n'ait atteint l'âge de huit ans). Les jeunes cavaliers qui n'ont pas au moins huit ans continueront à travailler sur le plat

Les tests sont effectués dans les 5 à 7 dernières minutes de la session du coureur. Voici quelques exemples.

Test n° 1. Le cavalier est invité à s'aligner au milieu (centre) de la piste, ce qui permet aux cavaliers de découvrir que dans tous les sports équestres, c'est toujours le milieu de la piste ; ce centre de la piste est désigné par la lettre "X".

Les cavaliers doivent trotter en ligne droite jusqu'au bout du ring et, au bout du ring, tourner à gauche. Ils continuent jusqu'au bout du ring et reviennent sur la ligne centrale au bout du ring, et ils prendront la piste à droite, en restant au trot de travail montant, en leur conseillant de changer leur diagonale à la lettre-X lorsqu'ils changent de direction. Ensuite, le cavalier devra descendre au centre du manège, mais lorsqu'il quittera la piste à droite, il devra démontrer un trot assis sur une ligne droite, puis il devra revenir au pas deux foulées avant la lettre-X et s'arrêter à la lettre-X. C'est leur premier test. Deuxième test. Pendant les 7 à 10 dernières minutes de leur séance, ils effectuent leur test. (Il ne s'agit là que d'exemples, car le moniteur peut proposer n'importe quel test qu'il juge approprié).

Test n°2, le cavalier s'aligne à la lettre X, compte jusqu'à 5 (5 secondes), puis part au trot assis. Au bout du ring, le cavalier se dirige vers la droite ; au moment où le cavalier tourne à droite, il demande au cheval de se mettre au trot de travail en montant.

Le cavalier reste au trot de travail autour du ring jusqu'à ce qu'il arrive au milieu du petit côté du ring, où il avait tourné à droite auparavant. Cette fois-ci, au trot de travail montant le long de la ligne médiane, très droit, et à la lettre-X, le cavalier revient au trot assis au-dessus des barres de gymnastique et des Cavaletti. Au bout du manège, le cavalier tourne à gauche (piste à gauche) et se met immédiatement au trot de travail, en montant et en continuant à descendre le long du manège sur la bonne diagonale. L'instructeur rappelle au cavalier que lorsqu'il franchit la lettre "X", il tourne et passe du trot assis au trot montant sur la bonne diagonale et continue à avancer, En s'approchant du petit côté de l'arène, en tournant à gauche, il regarde la ligne centrale à la lettre X et redescend au trot assis. Une fois de plus, le cavalier utilise son commandement vocal deux foulées avant la lettre X et dit "HO" Marche et à la lettre X, le cavalier dit "HO". L'instructeur fera de nombreux tests de ce type après les 6 à 10 séances qu'il vient de terminer. Lorsque l'instructeur estime que le cavalier est prêt, le galop sera ajouté à la performance au fur et à mesure que les tests deviennent confortables.

CHAPITRE 13
FLATWORK

La gymnastique, c'est-à-dire les perches au sol et les cavaletti, implique un travail préparatoire sur le plat au pas, au trot et au galop. Le cavalier combine ensuite les phases de plat et de gymnastique en un seul exercice complet. L'areana serait de 100x200 sur chaque grand côté, avec une ligne de 58 mètres de long et un piquet de terre au début et à la fin des 58 pieds que le cheval et le cavalier franchiraient.

L'autre côté du ring mesure 45 pieds avec un poteau au début et à la fin que le cavalier doit franchir au trot pour faire la démonstration des deux dans le dessin.

Remarque : le changement de diagonale doit toujours se faire à la lettre "X", sauf lors d'un demi-tour ou d'un demi-tour en marche arrière. Si le compétiteur passe de l'un des quatre coins au centre de l'anneau - également désigné par la lettre "X" - il doit toujours changer de diagonale à la lettre "X".

L'utilisation vocale de "ho" pour s'arrêter pendant 5 secondes est TRÈS importante. Si la durée est inférieure à 3 secondes, le cavalier doit quitter sa position d'arrêt correcte. Il est préférable de changer l'arrêt pour un arrêt de 5 secondes, et nos cavaliers prendront leurs 4 secondes de steadfast à l'arrêt. D'après notre règlement d'utilisation, la halte dure 4 secondes. Cependant, il faut changer cela. De nombreux instructeurs et entraîneurs n'insistent pas sur l'importance d'un arrêt complet. Avec la règle des 4 secondes, de nombreux cavaliers peuvent atteindre 3 secondes et repartir.

Michael a été entraîneur olympique de 2003 à 2024.

En passant à un arrêt de 5 secondes, avec discipline, les jeunes cavaliers, les juniors et les amateurs apprendront à rester immobiles pendant au moins 5 secondes. Lorsque le cheval et le cavalier s'éloignent, ils doivent le faire en ligne droite, en continuant leur test ou en sortant de l'arène. Évitez toujours de quitter le manège d'une manière négligée ( ), car cela témoigne d'un manque de respect envers le juge, les autres cavaliers et les spectateurs.

Lorsque le cavalier sort du ring au pas et termine son parcours, il peut descendre de cheval une fois qu'il est sorti de l'arène, en se déplaçant d'un côté de la ligne centrale à "X". Il doit alors marcher le long de la ligne centrale en position 3 points, talons vers le bas, pendant que le cavalier est encore jugé. Occasionnellement, le juge observera brièvement le cavalier pour voir s'il fait preuve de sérieux à l'égard des concours hippiques et s'il donne constamment l'exemple en adoptant une bonne position en 3 points et en gardant le dos droit.

Voici la visualisation mise à jour montrant l'anneau de 100x200 pieds avec deux ensembles de poteaux de terre sur les côtés longs :

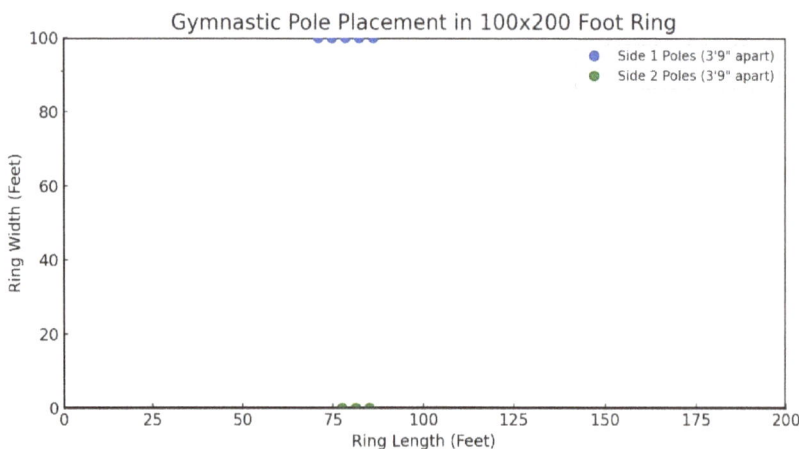

Côté supérieur (côté 1) : 5 poteaux espacés de 3'9", centrés dans une section de 58 pieds sur une longueur de 200 pieds.

Côté inférieur (côté 2) : 3 poteaux espacés de 3'9", centrés dans une section de 45 pieds.

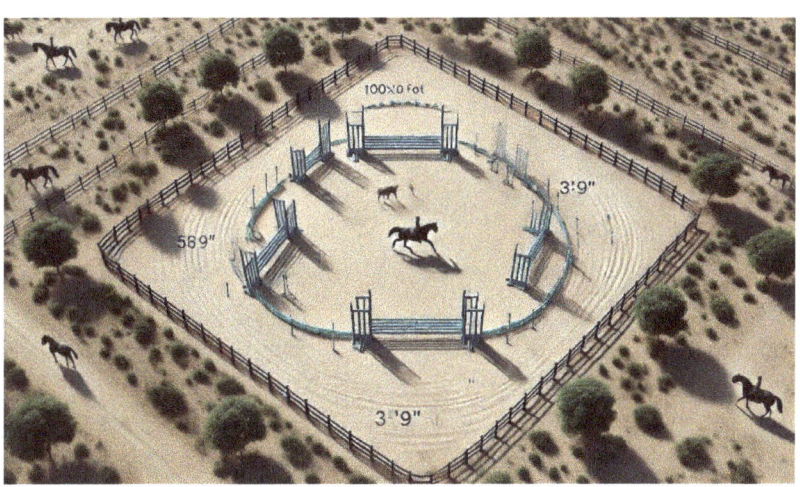

CHAPITRE 14
MAÎTRISER LA CONFIANCE ET LE CONTRÔLE

Avancez et, lorsque vous approchez du coin de l'anneau près du côté long, faites un demi-tour (grand tour).

Définition : Un demi-tour consiste à tourner vers le centre de l'arène en formant un demi-cercle. Regardez vers l'avant et suivez une ligne diagonale au pas jusqu'à la piste, puis continuez à suivre la piste vers la droite, en restant le long de la piste (le périmètre extérieur de l'arène).

Reprenez le trot de travail en vous levant sur la bonne diagonale. Trottez vers l'avant jusqu'à ce que vous atteigniez le milieu du petit côté opposé, puis revenez au pas en combinant les indications de la voix, de la main, de l'assise et de la jambe ("HO-WALK"). Avancez, puis demandez à votre cheval de prendre le galop à partir de votre siège et de votre jambe, en déplaçant légèrement votre jambe gauche derrière la sangle. Ajoutez un claquement si nécessaire pour attirer l'attention de votre cheval et établissez un rythme de galop régulier : 1 & 2, 1 & 2, 1 & 2.

Lorsque vous approchez du petit côté opposé, demandez à votre cheval de revenir au pas puis de s'arrêter, en utilisant les ordres "HO-WALK" et "HO". Arrêtez-vous pendant 5 secondes, tapotez votre cheval sur l'encolure, puis revenez vous aligner avec les autres chevaux. L'instructeur appellera alors le cavalier suivant pour qu'il effectue le même test à plat jusqu'à ce que tous les chevaux aient terminé leur tour.

COACH MICHAEL

Lorsque le dernier cheval et le dernier cavalier auront terminé, l'instructeur posera des questions aux quatre cavaliers sur chacun de leurs tests sur le plat. Chaque élève sera encouragé à s'exprimer et à faire part de ses réflexions sur l'ensemble de son parcours. L'instructeur demandera également aux cavaliers de donner un avis constructif sur une autre combinaison cheval-cavalier.

Il est essentiel que tous les cavaliers, quel que soit leur âge, passent ces tests. Bien que l'instructeur puisse modifier les tests pour les jeunes cavaliers, un excellent instructeur les encouragera à compléter le test original lorsque cela est possible. Cet encouragement, ainsi que la phrase de soutien "Je peux faire n'importe quoi, je peux, je peux", donne confiance aux jeunes cavaliers et renforce la conviction qu'ils peuvent accomplir des tâches difficiles. Cette approche renforce progressivement l'assurance du jeune cavalier.

#3 : "Le travail final" (test) pour tous les cavaliers, réalisé individuellement. En gymnastique, chaque combinaison cavalier-cheval effectue un test attribué par le moniteur, qui fournit des instructions verbales et des illustrations pour le test final.

Cavalier n° 1 : En partant du centre du ring, tous les cavaliers sont à nouveau alignés côte à côte, à une distance d'environ 1,5 m. Le cavalier n° 1 et son cheval commencent immédiatement par un trot de travail. Le cavalier no 1 et son cheval commencent immédiatement par un trot de travail, en se levant et en se dirigeant vers la gauche. Lorsque le cavalier s'approche du côté court du ring, il prépare son cheval et lui-même à un trot rapide sur quatre cavaletti le long du côté long. Après le dernier cavaletti, à moins de 16 pieds, le cavalier demande à son cheval de s'arrêter pendant 5 secondes.

Après l'arrêt, le cavalier demande au cheval de galoper sur la gauche en remontant le grand côté, en passant par le petit côté et en continuant en position d'équitation à trois points. Sur le grand côté opposé, deux poteaux de gymnastique sont posés sur le sol, à une distance de 3 mètres l'un de l'autre. À l'approche des poteaux, le cavalier se met en position demi-assise, relâchant légèrement les rênes le long de la crête du cheval, les coudes souples et les articulations reposant de part et d'autre de la crête (crinière). Le cavalier se concentre sur la poussée des talons vers le bas, en prenant soin ( ) de ne pas pincer ou presser les genoux contre la selle. Le poids doit être dirigé fermement vers les talons des bottes du cavalier.

En position demi-assise, le cavalier effectue un galop de deux foulées entre les piquets, en gardant l'équilibre et le contrôle tout au long du parcours.

(Remarque : les années précédentes, la position de saut était appelée position à deux points, mais elle est désormais appelée demi-siège). Cette position empêche le cavalier de s'effondrer sur l'épaule et l'encolure du cheval. Le cavalier soulève sa cage thoracique, descend sur ses talons et permet au cheval de sauter jusqu'à lui. Cette position permet au cheval de basculer en arrière sur ses fesses et de remonter par les épaules, ce qui permet un saut élastique et libre. Après la deuxième barre de gymnastique, le cavalier revient à la position d'équitation à 3 points. Détendu et calme, le cavalier demande verbalement et physiquement au cheval de s'arrêter pendant 5 secondes ("HO-WALK", "HO").

(Les 3-4 compétiteurs effectueront ce test final). Ensuite, tous les compétiteurs critiqueront leurs performances respectives. L'instructeur conclura la session, discutera des leçons de la journée avec les cavaliers et les invitera à poser des questions sur leur équitation. N'oubliez pas qu'il est essentiel d'utiliser un journal pour chaque leçon et pour les compétitions à venir - toujours obligatoire pour "Améliorer un bon cavalier".

CHAPITRE 15
APPRENDRE À SAUTER COURS DE CROSS-RAIL

#1. "Twice Around the Outside" (Deux fois autour de l'extérieur)

Un moyen simple mais essentiel de renforcer la confiance est d'établir un lien de confiance entre le cavalier et son cheval. Pour cet exercice, l'instructeur demandera au cavalier de sauter un parcours extérieur avec des barres transversales placées à une hauteur de 12 pouces au milieu. Le cavalier quittera l'alignement central et avancera au trot, en se dirigeant vers la gauche. Quatre barres transversales sont installées à l'extérieur, deux de chaque côté de l'arène.

Les distances entre les quatre poteaux sont les suivantes : entre les deux premières barres transversales, il doit y avoir suffisamment d'espace pour cinq foulées de trot ou quatre foulées de galop. Cet espace doit être agréable pour le cheval et le cavalier. Pour cet exercice, une distance de 1,80 m entre les deux obstacles est idéale pour créer un parcours fluide et rassurant.

Le cavalier, qui parcourt la distance entre la réception et la première traverse, fait un pas normal, qui est d'environ un mètre sur une foulée de marche. Continuez jusqu'au deuxième obstacle, en comptant le nombre de pas que vous

75

faites. (Comptez les distances entre les obstacles avant de monter sur votre cheval ; nous y reviendrons dans le dernier chapitre). Pour l'instant, comptez vos pas entre les obstacles de la ligne. Le cavalier fera 14 à 15 pas entre les deux sauts ; actuellement, les deux sauts sont espacés de 58 pieds. Souhaitez la bienvenue aux cavaliers dans leur stage d'initiation à leur niveau actuel.

Chaque cavalier doit apprendre de son moniteur comment garder un rythme régulier à l'approche de chaque saut. Atterrir après le premier saut, en maintenant un rythme régulier (1-2, 1-2, 1-2, etc.). Le cavalier peut atterrir et donner le commandement " HO-TROT ", en utilisant sa main droite extérieure jusqu'au coude, avec les talons vers le bas, permettant au cheval de se déplacer doucement vers le deuxième saut. Si le cheval atterrit au galop, le cavalier peut dire "HO" calmement, avancer en ligne droite, regarder en l'air (c'est un excellent moyen d'acquérir de la confiance) et dire à nouveau "HO-TROT". Terminez le parcours en faisant un cercle de 20 mètres (67 pieds de diamètre) au trot, complétez le cercle, utilisez votre commande vocale "HO-WALK", et retournez dans la file d'attente pour rejoindre les autres cavaliers. Le cavalier se sentira heureux et détendu, réalisant qu'il vient de sauter son premier parcours.

Les autres coureurs effectuent ensuite leur parcours, un par un. Nous allons maintenant effectuer le même parcours en partant de la ligne de départ. Lorsque vous êtes sur la barre (ligne de clôture), le cheval et le cavalier se dirigent vers la droite. Le cavalier demande au cheval de se mettre au trot de travail (le cavalier se met au trot de travail dans la bonne diagonale). Traversez le petit côté de la piste au trot et regardez vos deux premiers sauts (traverses). Le cavalier montera avec le même engagement, la même conviction et la même confiance. N'oubliez pas qu'il y a toujours un début, un milieu et une fin.

Le niveau de confiance des cavaliers aurait dû augmenter et l'instructeur aurait dû s'en inspirer.

Le niveau de confiance des cavaliers doit avoir sensiblement augmenté, sous la conduite d'un instructeur qui incarne les qualités d'un "entraîneur très professionnel, aimable, indulgent et instruit". Un entraîneur débutant joue un rôle essentiel dans la formation des jeunes cavaliers, tant sur le plan mental que physique, et fait preuve d'une véritable attention à l'égard de chaque élève qu'il encadre.

Si le centre équestre ne propose pas d'instructeurs et d'entraîneurs "TOP", c'est-à-dire qui savent non seulement comment monter à cheval correctement mais aussi travailler en équipe, il est peut-être temps de chercher un autre établissement.

Trop souvent, au cours de mes 55 années d'activité professionnelle, de jeunes cavaliers et des cavaliers plus âgés sont venus dans nos centres équestres sans vraiment savoir monter à cheval. C'est simple et clair : "SLOPPY".

Profitez de vos poneys et chevaux, même si vous n'en possédez pas encore. Ils vous appartiennent tout le temps que vous êtes avec eux, et ils savent tous que vous êtes un cavalier en herbe gentil, sensible et intelligent, et ce dès le départ, pour vous et votre cheval.

Entraîneur Michael

Mon prochain livre sera : "Le spectacle équestre de l'étrier court au stade du Grand Prix (juin 2025).

A propos de l'auteur

Michael D. Cintas est un entraîneur et un cavalier estimé depuis plus de cinq décennies. Michael a possédé ou construit 5 centres équestres internationaux dans cet ordre :

- 1966 'GREEN VALLEY ACRESs, BONITA, CA. (COMTÉ DE SAN DIEGO)
- 1972 RANCHO CINTAS, RANCHO SANTA FE, CA.
- 1982 CENTRES ÉQUESTRES INTERNATIONAUX, RANCHO MIRAGE, CA.
- 1986 EQUESTRIAN CENTERS INTERNATIONAL SOUTH, DEL MAR, CA.
- 1990 CENTRES ÉQUESTRES INTERNATIONAUX, CULPEPPER, VA.

Sa carrière s'étend aux États-Unis et à l'étranger, où il a entraîné des cavaliers olympiques et enseigné à des milliers d'étudiants. Son expertise en équitation et en horsemanship a formé des générations de cavaliers, et il continue d'enseigner dans le cadre de ses stages très prisés dans le monde entier.

"A STORY FROM THE HEART"
EQUESTRIAN CENTERS INTERNATIONAL

ALMOST 20 YEARS AGO I CAME TO PALM SPRINGS (THE DESERT). HITCH HIKING! YES, THIS IS A VERY TRUE STORY. ALL OF MY LIFE I WAS VERY BLESSED TO HAVE A SILVER SPOON UP-BRINGING. (OR MAYBE NOT!) WHEN I HAD REACHED BY THIRTIES I THOUGHT I HAD EVERYTHING ANY MAN COULD WANT. I HAD A BEAUTIFUL HOME IN RANCHO SANTA FE, I HAD MY HORSES, I HAD MONEY. I WAS VICE PRESIDENT OF CINTAS DEVELOPMENT AND PLENTY OF FRIENDS TO PARTY WITH.

WHAT I DID NOT HAVE WAS SELF RESPECT, I HAD NOT TAKEN THE TIME TO EVALUATE MY LIFE AND SET A STRAIGHT AND NARROW PATH FOR MY FUTURE. THE WORST WAS THAT I WAS BURNING THE CANDLE AT BOTH ENDS. AND NOT TAKING OTHER PEOPLES
FEELINGS TO HEART.

SO, ONE DAY I WENT TO MY OFFICE AND I FIND OUT THAT I HAVE NO JOB, NO FAMILY, NO HOUSE. NO CAR. AND TWO HUNDRED DOLLARS TO MY NAME. YES! AT THAT MOMENT MY WORLD HAD FALLEN APART. MY FATHER AND THE BOARD TOTALLY EXILED ME.

BY THIS TIME I HAD ALREADY HAD MY LEG ACCIDENT, AND 36 SURGERIES TRYING SAVE MY LEG. AND STILL I HAD NO IDEA HOW LONG I WOULD BE ABLE TO KEEP IT.

I PICKED MYSELF UP, A SUITCASE IN HAND, TWO HUNDRED DOLLARS IN MY POCKET. AND I HITCHHIKED TO PALM SPRINGS. I THOUGHT THE BEST THING TO DO WAS TO GET AS FAR AWAY AS I COULD. AND START A NEW LIFE.

WHEN I ARRIVED IN THE DESERT, I RENTED AN EFFICIENCY APARTMENT BY THE WEEK.

MY MOTHER WHO HAD SIDED WITH ME, BOUGHT ME AN ORANGE(YES, ORANGE) GOLF CART TO GO BACK AND FOR THE TO THE MARKET. THIS WAS A BIG HELP BECAUSE I WAS SUFFERING FROM THE DISEASE "OSTEOMYELITIS" AND THERE WERE TIMES THAT I COULD NOT EVEN WALK WITHOUT THE ASSISTANCE OF CRUTCHES OR A WHEELCHAIR.

I ADVERTISED IN THE DESERT SUN (LOCAL RAG) "FREE LANCE EQUESTRIAN INSTRUCTOR AVAILABLE" TEACHING HUNTERS, JUMPERS. HUNT SEAT EQUITATION! THE NUMBER I LEFT WAS A FRIENDS TELEPHONE MESSAGE MACHINE!

BY THIS TIME I HAD BEEN A PROFESSIONAL FOR 12 YEARS. I HAD A VERY WELL RESPECTED NAME IN SAN DIEGO AND I HAD MY AHSA JUDGES CARD. WITHIN TWO DAYS I RECEIVED PHONE CALLS FROM LOCAL EQUESTRIANS THAT WERE SEEKING INSTRUCTION. A MONTH LATER I HAD A STUDENT BODY OF 10 RIDERS. I NEEDED TO BUY A VEHICLE TO GET FROM ONE END OF THE COACHELLA VALLEY TO THE OTHER, BUT I DID NOT HAVE THE CASH TO DO SO! MY FRIENDS HAD GOTTEN A LITTLE TIRED OF DRIVING ME AROUND, AND AFTER ALL THE GOLF CART COULD NOT GO DOWN THE FREEWAY.

I MET A WONDERFUL OLDER LADY WHO HAD ADVERTISED HER 1968 GOLD CADILLAC FOR SALE. HER HUSBAND HAD JUST PASSED AWAY. I MET WITH MRS. COHEN AT HER TRAILER PARK SHE LIVED AND I EXPLAINED TO HER THAT I HAD NO MONEY, BUT THAT I COULD GIVE HER A DOWNPAYMENT AND PAY FOR THE VEHICLE OVER THE NEXT YEAR. SHE WANTED TWO THOUSAND DOLLARS FOR IT. I GAVE HER TWO HUNDRED DOLLARS DOWN AND TOLD HER I WOULD PAY HER TWO HUNDRED DOLLARS EVERY MONTH FOR THE NEXT NINE MONTHS.

NOW I HAD TRANSPORTATION, AND BECAUSE OF THIS WONDERFUL WOMAN BELIEVING IN ME, IN TWO MONTHS I HAD 20 STUDENTS AND I WAS HEAD TRAINER AT PATTI AIKENS PLACE IN BERMUDA DUNES. MRS. COHEN SOON PASSED AWAY, AND THIS WONDERFUL INDIVIDUAL LEFT ME THE GOLD CADILLAC IN HER WILL FREE AND CLEAR.

SOON AFTERWARD, VANDENBURG STABLES WAS LOOKING FOR A RESIDENT TRAINER. I MET WITH MR. BOB VANDENBURG AND TOOK OVER HAS THEIR HEAD HUNTER JUMPER TRAINER. THIS WAS IN 1982. THAT IS WHEN I MET MANY OF MY STUDENTS THAT I STILL INSTRUCT TODAY. THERE IS WHEN MELANIE CALENDER STARTED TO RIDE WITH ME.

"The Beginning, The Middle & The End"
EQUESTRIAN CENTERS INTERNATIONAL

My Life has always been blessed, even at times when things looked bleak, right over the Mountain was The Glowing Sun and you could see forever! Some of my biggest blunders in life were my most wonderful awakenings. Hit by a neighbor's car, because I was running across the street to Mrs. George's House to get candy, I learned it was ok to run, but first look and see where you are going! I was 9 years old.

When I was 21 years old, on Our Fathers "APOLLO" maiden voyage, I was Selfish and Self-Centered and thought I was the best and took everything for granted I Had that disease 'ARROGANCE' & SELF-RIGHTEOUS When we were 20 miles outside the Port of Salinas, Ecuador, I stepped into a towline, and there I went upside down through the porthole into the Pacific Ocean Until the tow line became taunt and ripped my left lower leg off except for the main artery. I found myself and that I was just another spoiled punk and nothing special.

That was the day that my life went before me, and I should have been dead. It was a good lesson for me to go through. In those 90 seconds in the Pacific Ocean, I prayed to God, please let me live and raise a family and go back to what I was the best at, "HORSES" I realized within those 90 seconds. I was just another human-being blessed with being a excellent rider, trainer, coach and if they could save my leg I promised God that I would get this Very Big Chip off of my shoulder and try to become a whole and real person, this accident is what saved my life. The wake-up call changed me for life. From that moment on I became a giver and not a taker, and No-One owed me anything, but I surely owed so much to my family, my friends, my students, the Human Race. Humility has stayed with me ever since.

I kept my leg for 15 years with the disease osteomyelitis and always in terrible pain. But it made me appreciate life to the fullest, and how to love and respect everyone around me. and how to Slow Down and appreciate all the blessings I had.

Believe me. I became a softer, kinder, sensitive rider, teacher, coach and through all of this 'A REAL PERSON'

The biggest Test of all was right around the corner, 15 years later, when a young horse without a rider ran at full speed into my young horse and knocked us over at the warm-up ring at Empire Polo. The Desert Circuit.

My horse fell right on top of me and particularly on my Osteo leg. I had already had 36 operations to save the leg, but I had grown up and reality set in, I told my wife Kathy, the time had come. I had my leg amputated. I had given it all, but the time was right, another blessing in disguise. I had my left lower leg amputated and said to myself "SELF" you have a Horse Show in 6 weeks, you pick yourself up when your stump heals, put your pipe leg on, and put your straps around your waist and go back to what you do best. Horses, students, farm, family And never look back.

Believe it or not. I became even a better rider and road for the next 30 years. My students were winners, my family knew my personality and I practiced very hard, that I never had a limp.

The Beginning the Middle and the End. 56 years of being a professional trainer, teacher, mentor and the honor of being an Olympic Coach. Always owning my own farms with my family, making wonderful Equitation riders from the time they were 6-7 years old and most stayed training with me until they went off to college. Traveled around the World as A Coach & Clinician, the Olympic Games, Pan-Am's, World Cups, Nation Cups.

I may not look old, nor do I act old (I think) But my body and God was telling me to hang up the boots and you will be able to stay around awhile longer. I canceled Escrow on the New Farm and for whatever time I have left finish writing my 3 books, "Learning to Ride-RIGHT", Become An Equitation Rider with feel and sensitivity, "THE MAKING OF AN EQUITATION RIDER TODAY" not a mannequin. And the 3rd Book "The Cintas Stigma"

I just want to say I Thank You All, I Love You All, and to God. thanks for all the Wake-Up Calls!

Coach Michael

81

PRÊT À GALOPER

Quand Michael Cintas est monté pour la première fois sur un poney à l'âge de 2 ans, il a développé une passion pour l'équitation qui allait marquer le reste de sa vie. Déterminé à posséder son propre cheval, il a reçu le sien à l'âge de 12 ans. « Sans ce jeune cheval merveilleux qui m'a tant appris, je n'aurais jamais développé cette appréciation pour tous les animaux de ma vie », dit Cintas. « Chaque jour après l'école, j'allais directement aux écuries pour monter. »

Les choses ont changé après un accident de bateau en 1971, qui a entraîné l'amputation de l'une de ses jambes. Cintas, maintenant âgé de 60 ans, a fondé les Equestrian Centers International de Rancho Mirage. « Au fil des années, la ville a été notre sponsor pour de nombreux événements de pentathlon des États-Unis, camps et compétitions, et elle a été particulièrement présente lorsque nous avons organisé la Coupe du Monde de Pentathlon 2011 et accueilli 36 pays », dit-il.

Cintas est également l'entraîneur équestre de l'équipe américaine de pentathlon et a été entraîneur olympique pour les jeux d'Athènes, Pékin, Londres, et maintenant Rio. Quant à lui, Cintas continue de monter à cheval et de concourir.

www.ingramcontent.com/pod-product-compliance
Lightning Source LLC
Chambersburg PA
CBHW051226120626
46547CB00013B/1532